Manuale zu Testverfahren und Fragebögen

In der Reihe „Manuale zu Testverfahren und Fragebögen“ veröffentlichen wir Manuale psychometrischer Testverfahren und Fragebögen eines breiten thematischen Spektrums verschiedener Anbieter psychologischer Tests. Dies bietet Testanwender*innen aus Forschung und Praxis die Gelegenheit, sich über potenziell interessante Verfahren zu informieren. Die Manuale beinhalten die Details zu der Zielsetzung, der Durchführung sowie den Gütekriterien. Der Test oder der Fragebogen kann dann beim jeweiligen Anbieter gesondert erworben werden kann (über die in den Manualen angegebenen Plattformen). Testautor*innen bietet diese Reihe die Möglichkeit, den eigenen Test einer großen Zahl an potenziellen Nutzer:innen über unsere weltweit verfügbare Plattform SpringerLink vorzustellen und bekannt zu machen. Bei der Auswahl der hier vorgestellten Verfahren achten wir auf das Vorliegen transparenter Gütekritierien und die Orientierung der Manuale an den Vorgaben des Testkuratoriums und der DIN 33430.

Reinhard Maß

SVI – Selbstverantwortungs-Inventar

Manual

Springer

Reinhard Maß
Zentrum für Seelische Gesundheit Marienheide
Marienheide, Deutschland

ISSN 2948-2240 ISSN 2948-2259 (electronic)
Manuale zu Testverfahren und Fragebögen
ISBN 978-3-662-71226-9 ISBN 978-3-662-71227-6 (eBook)
https://doi.org/10.1007/978-3-662-71227-6

Die Deutsche Nationalbibliothek verzeichnet diese Publikation in der Deutschen Nationalbibliografie; detaillierte bibliografische Daten sind im Internet über https://portal.dnb.de abrufbar.

Springer ist ein Imprint der eingetragenen Gesellschaft Springer-Verlag GmbH, DE und ist ein Teil von Springer Nature.
Die Anschrift der Gesellschaft ist: Heidelberger Platz 3, 14197 Berlin, Germany

Inhaltsverzeichnis

Einführung

1

1.1 Was ist Selbstverantwortung?

In der Psychotherapie wird eine hohe Bereitschaft zur Übernahme der Verantwortung für sich selbst als eine für den Behandlungserfolg förderliche oder notwendige Bedingung betrachtet. Das gilt implizit oder explizit für alle Formen der Psychotherapie (Margraf & Schneider, 2018; Eberwein & Thielen, 2014; Bibring, 1954; Spilker, 2002; Kanfer et al., 2012). Dabei wird angenommen, dass Patient*innen mit hoher Selbstverantwortung besser in der Lage sind, ihre Probleme zu lösen, als Patient*innen mit geringer Selbstverantwortung, unabhängig von den Ursachen bzw. aufrechterhaltenden Bedingungen der jeweiligen psychischen Störung. In der Selbstmanagement-Therapie etwa wird Selbstverantwortung als ein grundsätzlich von allen Menschen angestrebter Zustand aufgefasst. Die Übernahme von Selbstverantwortung ist in diesem Konzept ein ausdrückliches Therapieziel (Kanfer et al., 2012). Dabei wird Selbstverantwortung jedoch weder definiert noch operationalisiert.

Dem hier vorliegenden Manual liegt folgende Definition zugrunde:

▶ Selbstverantwortung wird als eine innere Haltung betrachtet, bei der eine Person die Verantwortung für alle eigenen Entscheidungen und das eigene Verhalten und alle daraus resultierenden positiven oder negativen Konsequenzen in allen Lebensbereichen akzeptiert. Das gilt selbstverständlich nur dort, wo eine Person überhaupt Entscheidungs- und Handlungsspielraum hat.

Personen mit hoher Selbstverantwortung halten vor allem sich selbst für die Lösung ihrer Probleme zuständig. Sie werden schneller aktiv, packen die Probleme an

Ergänzende Information Die elektronische Version dieses Kapitels enthält Zusatzmaterial, auf das über folgenden Link zugegriffen werden kann [https://doi.org/10.1007/978-3-662-71227-6_1]

R. Maß, *SVI – Selbstverantwortungs-Inventar*, Manuale zu Testverfahren und Fragebögen, https://doi.org/10.1007/978-3-662-71227-6_1

und haben dadurch die Chance, ihre Lebenssituation positiv zu verändern. Sie sind darum im Allgemeinen zufriedener mit ihrem Leben. Personen mit geringer Selbstverantwortung erwarten oder erhoffen die Lösung ihrer Probleme eher von anderen Leuten (z. B. Lebenspartnern, Familienangehörigen, Freunden, Vorgesetzten), weniger oder gar nicht von sich selbst. Im psychotherapeutischen Setting neigen sie zu Passivität und erwarten, dass der Therapeut bzw. die Therapeutin aktiv wird und sich um die Probleme kümmert. Dadurch bleiben sie handlungsunfähig, machen sich vermehrt von anderen Menschen abhängig und sind weniger gut in der Lage, ihre Situation zu verbessern. Sie sind deswegen häufiger unzufrieden und neigen manchmal dazu, sich zu beklagen (über andere Leute, über die Verhältnisse etc.). Menschen mit geringer Selbstverantwortung – das erscheint vielleicht auf den ersten Blick wie ein Widerspruch – kümmern sich häufig übermäßig um andere Menschen; anders formuliert, sie übernehmen zu wenig Verantwortung für sich selbst, aber zu viel Verantwortung für andere. Das kann mit der (meistens stillschweigenden, manchmal offen ausgedrückten) Erwartung einhergehen, dass diese anderen Menschen im Gegenzug besonderes rücksichtsvoll oder zuvorkommend sind, was häufig nicht der Fall ist. Gerade in Partnerschaft und Sexualität haben viele Probleme ihre Ursache darin, dass jeder sich viel zu sehr um den Partner bzw. die Partnerin kümmern und viel zu wenig um sich selbst. (Manche Menschen glauben sogar, dass es in einer „idealen" Partnerschaft genauso sein muss – ein großer Irrtum.) Gerade im Bereich der Sexualität weiß letztlich jeder Mann und jeder Frau selbst am besten, welche Bedürfnisse er oder sie hat, was er oder sie mag und was nicht (Maß, 2022).

Die Ablehnung von Selbstverantwortung kann kurzfristig positive Konsequenzen haben (z. B. Verringerung von Stress oder Angst durch Vermeidung von Problemen oder Konflikten). Daher kann es verlockend sein, keine Selbstverantwortung zu übernehmen. Die langfristigen Folgen sind jedoch meistens negativ, es kann u. a. zu verringerter Lebensqualität, chronischen Partnerschaftskonflikten, anhaltender Überlastung am Arbeitsplatz und psychische Störungen wie Depressionen und Ängsten kommen.

1.2 Selbstverantwortung im Vergleich mit anderen psychologischen Konzepten

Selbstverantwortung ist abzugrenzen von *Kontrollüberzeugungen* (Locus of Control; Rotter, 1966). Eine internale Kontrollüberzeugung liegt vor, wenn ein Individuum ein Ereignis als Konsequenz des eigenen Verhaltens wahrnimmt, während eine externale Kontrollüberzeugung vorliegt, wenn dieses Ereignis vom eigenen Verhalten als unabhängig wahrgenommen wird, wobei zwischen sozialer (andere Personen betreffend) und fatalistischer (Zufall, Schicksal o. ä. betreffend) externaler Kontrolle unterschieden wird. Ein Individuum mit ausgeprägter sozial-externaler Kontrollüberzeugung erlebt sich anderen Menschen gegenüber als ausgeliefert, machtlos und handlungsunfähig. Demgegenüber liegt der Akzent bei geringer Selbstverantwortung in der *Zuständigkeit* für die Problemlösung: „Jemand anderes ist schuld an meinem Problem, es ist daher nicht meine Aufgabe, es zu lösen."

Selbstverantwortung ist ferner abzugrenzen von *Selbstwirksamkeit* (Bandura, 1977). Selbstwirksamkeit bezeichnet die Erwartung einer Person, aufgrund eigener Kompetenzen gewünschte Handlungen erfolgreich ausführen zu können. Die interne Kontrollüberzeugung kann als Komponente der Selbstwirksamkeitserwartung betrachtet werden. Personen mit mangelnder Selbstwirksamkeitserwartung sprechen sich selbst die Fähigkeit ab, ein gegebenes Problem lösen zu können. Das aber ist nicht identisch mit der Ablehnung der grundsätzlichen Verantwortung für die Problemlösung; hierdurch wird z. B. ausgeschlossen, sich die notwendigen Fähigkeiten anzueignen.

In der *Self-Determination Theory* (SDT; Deci & Ryan, 2012) werden Grundbedürfnisse nach Kompetenz, Autonomie und sozialer Eingebundenheit postuliert. Kompetenz bezieht sich auf die Frage, wie effektiv eine Person auf ihre Umgebung einwirken kann, Autonomie betrifft die Freiwilligkeit eines Verhaltens, soziale Eingebundenheit zielt auf die angenommene Bedeutsamkeit einer Person für andere und vice versa. Es gibt zahlreiche Überschneidungen der SDT mit anderen Theorien, etwa mit der o. g. Selbstwirksamkeit, der Flow-Theorie (Csíkszentmihályi, 2000) oder der Bindungstheorie (Ainsworth & Bowlby, 1991). In der SDT hängt die Motivation für ein bestimmtes Verhalten davon ab, inwieweit damit o. g. Grundbedürfnisse befriedigt werden können. Im Zusammenhang mit Psychotherapie wird insbesondere die Autonomie der Patient*innen als entscheidend für den Therapieerfolg betrachtet, wobei hier ein enger Bezug zwischen Autonomie und Selbstverantwortung hergestellt wird: „Unless the client internalizes responsibility for the process of change, there can be little hope for long-term success" (Deci & Ryan, 2012, S. 187).

In der *Konsistenztheorie* (Grawe, 2004) werden vier Grundbedürfnisse angenommen: Orientierung/Kontrolle, Lustgewinn/Unlustvermeidung, Bindung sowie Erhöhung bzw. Schutz des Selbstwerts. Der Fragebogen zur Analyse Motivationaler Schemata (FAMOS; Grosse Holtforth & Grawe, 2002) dient in diesem Kontext der Erfassung motivationaler Ziele, wobei zwischen 14 Annäherungszielen (z. B. Suche nach Bindung, Autonomie, Kontrolle) und 9 Vermeidungszielen (z. B. Vermeidung von Geringschätzung, Kritik, Spannungen mit anderen) unterschieden wird. Es kann zu einer gleichzeitigen Aktivierung von Annäherungs- und Vermeidungszielen kommen, die sich gegenseitig blockieren. Nach Grawe (2004) liegt dann eine motivationale Diskordanz vor. Bei einer Person mit geringer Selbstverantwortung könnte es zu einer solchen Diskordanz kommen; diese Person könnte einerseits das Ziel haben, Vorwürfe, Kritik und Spannungen zu vermeiden, zugleich wird jedoch dadurch erschwert, das Ziel der Autonomie zu erreichen.

Im *transdiagnostischen Ansatz* (Barlow et al., 2016) werden gemeinsame ätiologische Wurzeln von Angststörungen und affektiven Störungen – zusammengefasst als emotionale Störungen – angenommen. Dafür sprechen einerseits hohe Komorbiditätsraten, andererseits die Generalisierung von Therapieeffekten. Frühe Lernerfahrungen, die mit Kontrollverlust verbunden sind, können zu einer psychologischen Vulnerabilität für das Erleben von Angst und damit verbundenen negativen affektiven Zuständen führen (Chorpita & Barlow, 1998), möglicherweise als ein Aspekt von Neurotizismus (Barlow et al., 2014). Mangel an Selbstverantwortung kann als Folge verschiedener Ängste aufgefasst werden – Angst vor negativen Konsequenzen des eigenen Verhaltens, Angst vor sozialer Isolation, Angst vor Konflikten. Somit könnte der Mangel an Selbstverantwortung einen psychologischen Risikofaktor für emotionale Störungen darstellen.

Das psychologische Konzept der Selbstverantwortung darf übrigens keinesfalls den *Begrifflichkeiten neoliberaler Ideologien* zugeordnet werden, bei denen z. B. extrem inegalitäre Verteilungen von Einkommen und Besitz einer Gesellschaft durch den Wert der individuellen Leistung gerechtfertigt werden sollen („Meritokratie"; Piketty, 2020) oder bei denen sinnvolle staatliche Regulierungen (Klimaschutz etc.) unter Verweis auf die Verantwortung des Individuums abgelehnt werden. Demgegenüber könnte die diesem Manual zugrundeliegende Auffassung von Selbstverantwortung den aktiven Einsatz für die eigenen Interessen und Bedürfnisse fördern, sowohl in gesellschaftspolitischen Fragen (z. B. Einsatz für Gleichberechtigung, Engagement in Gewerkschaften) als auch in privaten Lebensbereichen wie Partnerschaft und Sexualität.

1.3 State oder Trait?

In der Psychologie wird unter „State" (Zustand) der Zustand eines Individuums zu einem bestimmten Zeitpunkt bzw. in einer bestimmten Situation verstanden. Der Begriff impliziert die Möglichkeit der kurzfristigen Änderung. Beispiele für States sind Meinungen oder Stimmungen. Demgegenüber zielt der Begriff „Trait" (Eigenschaft) auf zeitlich überdauernde und über wechselnde Situationen generalisierte Verhaltenstendenzen. Darunter fallen z. B. Persönlichkeitsmerkmale wie Extraversion oder tief verwurzelte Grundüberzeugungen.

Selbstverantwortung ist eine Haltung, die nach Kanfer et al. (2012) grundsätzlich von allen Menschen angestrebt wird. Dahinter stehen konstruktive Grundüberzeugungen, deren Herausbildung Teil einer ungestörten Autonomieentwicklung sind. Unter ungünstigen Bedingungen in Kindheit und Jugend kann die Entstehung von Selbstverantwortung jedoch beeinträchtigt werden; das ist die Folge dysfunktionaler Grundüberzeugungen. Die Sammlung von Fallbeispielen in Kap. 3 illustriert derartige problematische herkunftsfamiliäre Konstellationen.

Selbstverantwortung ist somit ebenso als Trait zu betrachten wie deren fehlen. Das ist allerdings keineswegs so zu verstehen, dass ein Mangel an Selbstverantwortung unveränderliches Schicksal ist. Korrigierende Lebenserfahrungen und insbesondere Psychotherapie können dazu führen, dass die Bereitschaft zur Übernahme von Selbstverantwortung steigt (siehe hierzu auch Kap. 4, Selbstverantwortung in der Psychotherapie).

Konstruktion und Evaluation des Selbstverantwortungs-Inventars

2

2.1 Studie 1 – Konstruktion

Itempool. Zunächst wurde eine Sammlung von Items zusammengestellt, für den neue Texte formuliert wurden. Es handelte sich um kurze Statements zu Einstellungen, Meinungen oder Verhaltensweisen, die geeignet erschienen, in alltäglichen Situationen eine selbstverantwortliche Haltung in dem oben beschriebenen Sinn zum Ausdruck zu bringen. Die Texte behandelten folgende Themen:

- Fühlt man sich in sozialen Beziehungen eher für das eigene Wohl oder für das des Gegenübers verantwortlich?
- Besteht die Bereitschaft, auch negative Konsequenzen eigener Entscheidungen in Kauf zu nehmen, z. B. Ärger oder Enttäuschung anderer Personen auf sich zu ziehen?
- Werden Konflikte eher ausgetragen oder eher vermieden?
- Welchen Einfluss haben antizipierte Erwartungen anderer Personen?
- Wie werden eigene Bedürfnisse oder Grenzen nach außen kommuniziert?
- Kann aktiv für das eigene Wohlbefinden eingetreten werden?
- Gibt es stillschweigende, nicht offen zum Ausdruck gebrachte Erwartungen an andere Personen?

Er resultierte eine Liste aus 70 Items, die mit einer vierstufigen Likert-Skala zu bearbeiten waren:

„ich stimme gar nicht zu" (0 Punkte)
„ich stimme etwas zu" (1 Punkt)
„ich stimme überwiegend zu" (2 Punkte)
„ich stimme völlig zu" (3 Punkte)

Die Ergebnisse der Studien 1 und 2 wurden bereits bei Maß et al. (2022) veröffentlicht.

R. Maß, *SVI – Selbstverantwortungs-Inventar*, Manuale zu Testverfahren und Fragebögen, https://doi.org/10.1007/978-3-662-71227-6_2

Vergleichsinstrumente. Zusätzlich zu diesem Itempool wurden das revidierte Beck Depressionsinventar (BDI-II; Beck et al., 2023) und die Trait-Skala des State-Trait-Angstinventars (STAI; Laux et al., 1981) eingesetzt. Das BDI-II erfasst in 21 Items verschiedene Facetten eines depressiven Syndroms und gehört zu den in Klinik und Forschung am häufigsten eingesetzten Fragebögen. Mit Trait-Angst ist eine allgemeine Tendenz zu Ängstlichkeit, Unsicherheit und Anspannung gemeint; die Skala umfasst 20 Items.

Stichprobe. Rekrutiert wurden N = 233 gesunde Erwachsene. Es handelte sich um Studierende der Medical School Hamburg (MSH) sowie um Personal des Zentrums für Seelische Gesundheit Marienheide. Die Befragung erfolgte anonym und überwiegend online, in knapp 10 % aller Fälle wurden die Fragebögen in ausgedruckter Form vorgelegt. Das Durchschnittsalter betrug 28.9 Jahre (SD = 10.5), es nahmen 70 Männer (30.0 %) und 163 Frauen (70.0 %) teil. 208 (89.3 %) der Teilnehmer*innen hatte Abitur oder Fachabitur als höchsten Schulabschluss.

Ergebnisse. Mit den 70 Items des initialen Itempools wurde eine explorative Faktorenanalyse durchgeführt (Methode der ungewichteten Quadrate, Promax-Rotation, Interpretation der Mustermatrizen). Der Verlauf der Eigenwerte (siehe Abb. 2.1) ergab einen deutlichen Hinweis auf vier Faktoren.

Es wurden für die weiteren Auswertungen vier vorläufige Skalen aus den jeweils 10 pro Faktor höchstladenden Items gebildet:

Skala 1 (Bezeichnung *Fremdbestimmung*, Abkürzung FB, Cronbach α = .84). Hier wird der Eindruck einer Person beschrieben, dass andere mehr Einfluss auf ihr Leben hätten als sie selbst. Markier-Item: „Andere sind an meinem Unglück schuld."

Skala 2 (*Selbstbestimmung*, SB, .86). Diese Skala bildet eine selbstbewusste und autonome Haltung ab: „Ich bestimme selbst, was ich tue oder lasse."

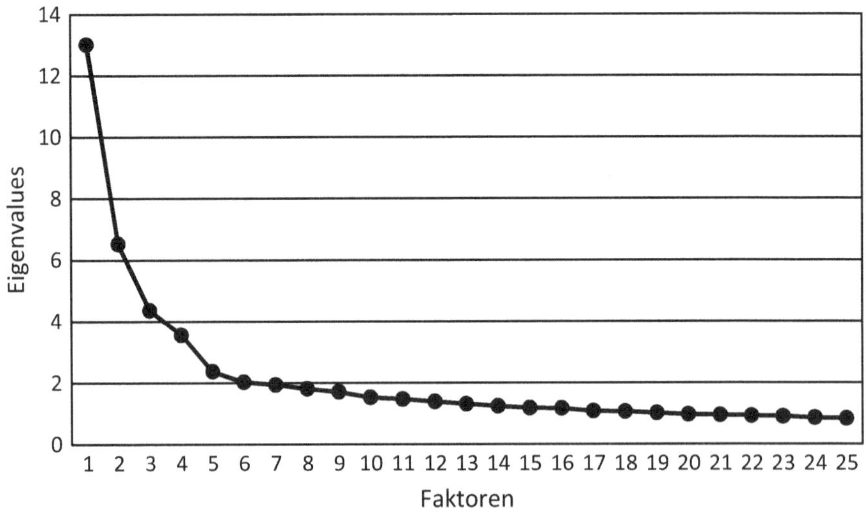

Abb. 2.1 Studie 1: Verlauf der Eigenwerte der explorativen Faktorenanalyse mit den 75 Items des Itempools (Plot der ersten 25 Faktoren)

Skala 3 (*Orientierung an den Erwartungen anderer*, OE, .87) beschreibt den Wunsch, den antizipierten Erwartungen anderer Personen zu entsprechen, sowie die Angst davor, Fehler zu begehen oder zurechtgewiesen zu werden: „Ich habe oft ein schlechtes Gewissen, wenn ich jemandem eine Bitte abschlage."

Skala 4 (*Verantwortungsdelegation in Partnerschaften*, VD, .79). Hier geht es um ein symbiotisch verstricktes Verständnis von Partnerschaften, bei denen sich der bzw. die eine jeweils für das Wohl des bzw. der anderen verantwortlich fühlt: „In einer guten Beziehung muss man unbedingt dafür sorgen, dass sich der Partner bzw. die Partnerin wohlfühlt."

Tab. 2.1 zeigt, dass Frauen signifikant höhere Werte in der Skala *Orientierung an den Erwartungen anderer* aufweisen, während Männer eine Tendenz zu höheren Werten in der Skala *Selbstbestimmung* zeigten.

Die vollständigen Listen der Items finden sich im Anhang.

Proband*innen mit Abitur oder Fachabitur zeigten gerade eben signifikant höhere Mittelwerte in der Skala *Selbstbestimmung* (22.67 vs. 20.60, t = = −1.975, p = .049), bei den anderen SVI-Skalen gab es keinen Unterschied hinsichtlich der Schulbildung.

In Tab. 2.2 werden die Produkt-Moment-Korrelationen r_{xy} der SVI-Skalen mit BDI-II, STAI-T und dem Lebensalter gezeigt.

Tab. 2.1 Studie 1: Geschlechtsunterschiede in den SVI-Skalen

	Männer (N = 70) x̄ (SD)	Frauen (N = 163) x̄ (SD)	t (df = 231)	p (zweiseitig)
SVI *Fremdbestimmung*	7.81 (4.84)	6.63 (5.05)	1.667	.097
SVI *Selbstbestimmung*	22.04 (5.53)	22.63 (4.73)	−0.817	.444
SVI *Orientierung an den Erwartungen anderer*	11.49 (6.20)	16.39 (5.82)	−4.600	<.001
SVI *Verantwortungsdelegation in Partnerschaften*	17.01 (4.51)	17.65 (5.30)	−0.877	.351

Tab. 2.2 Studie 1: Korrelationen der SVI-Skalen mit Depressivität und Ängstlichkeit sowie Alter (zweiseitige Fragestellung)

	BDI-II[1] r_{xy} (p)	STAI-T[2] r_{xy} (p)	Alter r_{xy} (p)
SVI *Fremdbestimmung*	.448 (<.001)	.479 (<.001)	−.121 (.066)
SVI *Selbstbestimmung*	−.292 (<.001)	.397 (<.001)	.088 (.183)
SVI *Orientierung an den Erwartungen anderer*	.501 (<.001)	.562 (<.001)	−.223 (.001)
SVI *Verantwortungsdelegation in Partnerschaften*	.062 (.363)	−.030 (.663)	.390 (<.001)

[1]Beck-Depressionsinventar, Revision
[2]Trait-Skala des State-Trait-Angstinventars

Je höher die Werte in *Fremdbestimmung* bzw. *Orientierung an den Erwartungen anderer* und je geringer die Werte in *Selbstbestimmung*, desto ausgeprägter sind Depressivität und Ängstlichkeit. Alle diese Korrelationen waren erwartungsgemäß hochsignifikant. Eher überraschend war, dass die Skala *Verantwortungsdelegation in Partnerschaften* keine Zusammenhänge mit BDI-II und STAI-T zeigte. Das warf Fragen hinsichtlich der Relevanz dieses Faktors auf. – Das Lebensalter war negativ mit *Orientierung an den Erwartungen anderer* sowie *Fremdbestimmung* (Tendenz) und positiv mit der *Verantwortungsdelegation in Partnerschaften* korreliert.

2.2 Studie 2 – Replikation

Fragebögen. Es wurde die oben beschriebene 40-Item-Version des SVI eingesetzt, dazu wiederum das BDI-II.

Stichprobe. Die Stichprobe bestand aus N = 301 gesunden Erwachsenen und war hinsichtlich Zusammensetzung und Datenerhebung weitgehend mit der Stichprobe von Studie 1 vergleichbar (überwiegend Studierende der MSH, überwiegend Online-Befragung, Anonymität). Das Durchschnittsalter betrug 28.9 Jahre (SD = 11.2), es handelte sich um 75 Männer (24.9 %) und 226 Frauen (75.1 %), 217 (72.1 %) gaben Abitur oder Fachabitur als höchsten Schulabschluss an.

Ergebnisse. Zunächst wurde eine explorative Faktorenanalyse mit den 40 SVI-Items durchgeführt (erneut Methode der ungewichteten Quadrate, Promax-Rotation, Interpretation der Mustermatrizen). Der Scree-Test wies diesmal auf drei Haupt- und zwei Nebenfaktoren hin. Die drei Hauptfaktoren bildeten drei er vier zuvor ermittelten Faktoren ab, nämlich FB, SB und OE. Der vierte ursprüngliche Faktor, VD, war nicht nachweisbar, die betreffenden Items waren auf die anderen Faktoren verteilt. In einer zusätzlich durchgeführten konfirmatorischen Faktorenanalyse wurden ein 4-Faktoren-Modell (FB, SB, OE und VD) und ein 3-Faktoren-Modell (nur FB, SB und OE) miteinander verglichen. Die Betrachtung verschiedener Kennwerte der Anpassungsgüte (RMR – Root Mean Square Residual, SRMR – Standardised Root Mean Square Residual, GFI – Goodness of Fit, AGFI – Adjusted Goodness of Fit) zeigten, dass die Modellanpassung mit drei Faktoren besser war als mit vier Faktoren. Daher und wegen der fehlenden Zusammenhänge mit Depressivität und Ängstlichkeit in Studie 1 wurde diese theoretisch interessante Skala verworfen. Möglicherweise ist das Konstrukt psychometrisch schwieriger zu erfassen, weil es eher die jeweilige Dynamik eines Paares als ein individuelles Persönlichkeitsmerkmal abbildet. Erschwerend kam vielleicht hinzu, dass nur ein Teil der Proband*innen zum Zeitpunkt der Durchführung der beiden Studien in fester Partnerschaft war (Studie 1: 63.3 %, Studie 2: 66.1 %), was zu weiteren Schwierigkeiten bei der Abbildung des Faktors beigetragen haben könnte.

Somit ergab sich die endgültige Version des SVI aus je 10 Items der drei Skalen *Fremdbestimmung, Selbstbestimmung* sowie *Orientierung an den Erwartungen anderer*, insgesamt also 30 Items. Die internen Konsistenzen (Cronbach α) der drei Skalen betrugen .70 (FB), .79 (SB) und .87 (OE).

Tab. 2.3 Studie 2: Geschlechtsunterschiede in den SVI-Skalen

	Männer (N = 75) x̄ (SD)	Frauen (N = 226) x̄ (SD)	t (df = 299)	p (zweiseitig)
SVI *Fremdbestimmung*	6.84 (4.16)	6.34 (3.71)	0.989	.324
SVI *Selbstbestimmung*	21.05 (4.40)	23.14 (4.32)	−3.612	<.001
SVI *Orientierung an den Erwartungen anderer*	13.37 (5.52)	16.31 (6.06)	−3.719	<.001

Tab. 2.4 Studie 2: Korrelationen der SVI-Skalen mit Depressivität und Alter (N = 301, zweiseitige Fragestellung)

	BDI-II[1] r_{xy} (p)	Alter r_{xy} (p)
SVI *Fremdbestimmung*	.429 (<.001)	.054 (.352)
SVI *Selbstbestimmung*	−.105 (.068)	−.045 (.438)
SVI *Orientierung an den Erwartungen anderer*	.530 (<.001)	−.196 (<.001)

[1]Beck-Depressionsinventar, Revision

Tab. 2.3 zeigt, dass Frauen höhere Scores in den Skalen *Selbstbestimmung* und *Orientierung an den Erwartungen anderer* aufwiesen. Die Schulbildung (Abitur/Fachabitur vs. anderen oder keinen Abschluss) stand in Studie 2 nicht in Zusammenhang mit den SVI-Skalen.

Tab. 2.4 zeigt die Zusammenhänge der SVI-Skalen mit Depressivität und Alter. Dabei werden die Ergebnisse aus Studie 1 weitgehend bestätigt.

2.3 Studie 3 – Evaluation

Es wurde eine dritte Stichprobe gesunder Erwachsener rekrutiert, um weitere Erfahrungen mit dem SVI zu machen.

Fragebögen. Neben der finalen SVI-Version mit 30 Items wurden der Fragebogen zur Erfassung der Lebenszufriedenheit (FLZ; Fahrenberg et al., 2000) sowie das Aggressionshemmungs-Inventar (AHI; Maß, 2024) verwendet. Der FLZ erfasst die Lebenszufriedenheit bzw. Lebensqualität in 10 verschiedenen Bereichen sowie die Gesamtzufriedenheit. Das AHI zielt auf die Hemmung der sogenannten konstruktiven Aggression. Damit ist ein evolviertes Verhaltenssystem gemeint, das zur gewaltfreien, ausgewogenen Gestaltung sozialer Beziehung von erheblicher Bedeutung ist und dessen Hemmung als Risikofaktor für die Entstehung emotionaler Störungen (z. B. Depressionen und Ängste; Barlow et al., 2016) betrachtet wird (Maß & Müller-Alcazar, 2023).

Stichprobe. Die Stichprobe bestand aus N = 229 Studierenden der MSH und Personen aus deren Bekanntenkreis. Die Befragung erfolgte anonym und online. Das Durchschnittsalter betrug 30.2 Jahre (SD = 13.2), es handelte sich um 56 Männer (24.5 %) und 171 Frauen (74.4 %), zweimal wurde „divers“ angegeben. 191 (83.4 %) hatten Abitur oder Fachabitur als höchsten Schulabschluss.

Ergebnisse. Die internen Konsistenzen der SVI-Skalen betrugen diesmal .77 (FB), .76 (SB) und .87 (OE). Wie Tab. 2.5 zeigt, erzielten Frauen erneut höhere Scores in den Skalen *Selbstbestimmung* und *Orientierung an den Erwartungen anderer*.

Erneut gab es keinen Effekt der Schulbildung (Abitur/Fachabitur vs. anderen oder keinen Abschluss). Die Korrelationen der SVI-Skalen mit dem Alter betrugen −.235 ($p < .001$) für *Fremdbestimmung*, .077 ($p = .248$) für *Selbstbestimmung* sowie −.315 ($p < .001$) für die *Orientierung an den Erwartungen anderer.*

Tab. 2.6 zeigt die Korrelationen der SVI-Skalen mit Lebenszufriedenheit FLZ) und Aggressionshemmung (AHI).

Tab. 2.5 Studie 3: Geschlechtsunterschiede in den SVI-Skalen

	Männer (N = 56) $\bar{x}$ (SD)	Frauen (N = 171) $\bar{x}$ (SD)	t (df = 225)	p (zweiseitig)
SVI *Fremdbestimmung*	6.27 (4.07)	6.47 (4.57)	−0.292	.771
SVI *Selbstbestimmung*	20.43 (4.51)	22.62 (4.14)	−3.360	<.001
SVI *Orientierung an den Erwartungen anderer*	11.98 (5.90)	16.54 (6.34)	−4.745	<.001

Tab. 2.6 Studie 3: Korrelationen der SVI-Skalen mit Lebenszufriedenheit (FLZ) und Aggressionshemmung (AHI); N = 229 (wenn nicht anders angegeben), zweiseitige Fragestellung

	SVI *Fremdbestimmung*	SVI *Selbstbestimmung*	SVI *Orientierung an den Erwartungen anderer*
FLZ Gesundheit	−.375 (<.001)	.188 (.004)	−.381 (<.001)
FLZ Arbeit und Beruf	−.431 (<.001)	.081 (.220)	−.344 (<.001)
FLZ Finanzielle Lage	−.346 (<.001)	−.014 (.830)	−.318 (<.001)
FLZ Freizeit	−.256 (<.001)	−.005 (.945)	−.380 (<.001)
FLZ Ehe und Partnerschaft[1]	−.299 (<.001)	.080 (.364)	−.239 (.006)
FLZ Beziehung zu eigenen Kindern[2]	−.640 (<.001)	.091 (.562)	−.340 (.026)
FLZ Eigene Person	−.426 (<.001)	.291 (<.001)	−.481 (<.001)
FLZ Sexualität	−.187 (.005)	.116 (.079)	−.240 (<.001)
FLZ Freunde/Bekannte/ Verwandte	−.296 (<.001)	.119 (.072)	−.423 (<.001)
FLZ Wohnung	−.344 (<.001)	.073 (.274)	−.240 (<.001)
FLZ Gesamtzufriedenheit[3]	−.433 (<.001)	.145 (.028)	−.478 (<.001)
AHI	.421 (<.001)	−.213 (.001)	.691 (<.001)

[1] Nur Proband*innen in fester Partnerschaft, N = 132

[2] Nur Proband*innen mit Kindern, N = 43

[3] Ohne die Skalen „Arbeit und Beruf", „Ehe und Partnerschaft", „Beziehung zu den eigenen Kindern"

Es ergaben sich für die Skalen *Fremdbestimmung* und *Orientierung an den Erwartungen anderer* zahlreiche hochsignifikante Korrelationen zwischen SVI und FLZ: Je geringer die Selbstverantwortung, desto geringer die Lebenszufriedenheit. Demgegenüber waren die Zusammenhänge zwischen *Selbstbestimmung* und Lebenszufriedenheit eher schwach. – Die Analyse der Zusammenhänge zwischen Selbstverantwortung und Zufriedenheit mit Sexualität, Ehe und Partnerschaft, eigener Person und eigenen Kindern wurde in einer eigenen Arbeit weiter vertieft (siehe Maß, 2022).

Ein ähnliches Bild zeigte sich hinsichtlich der Korrelationen zwischen SVI und AHI, wobei vor allem der ausgesprochen starke Zusammenhang zwischen Aggressionshemmung und *Orientierung an den Erwartungen anderer* auffällt. Inhaltlich ist es sehr plausibel, dass gerade die Hemmung konstruktiver Aggression fast zwangsläufig dazu führen muss, übermäßig den Erwartungen anderer Menschen entsprechen zu wollen.

Die Stichproben der Studien 1–3 wurden zu einer Gesamtstichprobe zusammengefasst (N = 763), welche die Grundlage zu Berechnung der Normwerte bildet (siehe Anhang 3 Normwerte).

2.4 Studie 4 – Klinische Stichprobe: Depression

Bei Maß et al. (2022) werden Ergebnisse dargestellt, die an einer Stichprobe von N = 231 depressiven Patient*innen in vollstationär-psychiatrischer Behandlung gefunden wurden. Eingesetzt wurde dabei die 40-Item-Version des SVI. Auch hier wurden mit einer konfirmatorischen Faktorenanalyse das 4-Faktoren-Modell (FB, SB, OE und VD) und das 3-Faktoren-Modell (nur FB, SB und OE) miteinander verglichen. Die Kennwerte (RMR, SRMR, GFI und AGFI) zeigten wie schon in Studie 2, dass die Anpassungsgüte des 3-Faktoren-Modells auch in der klinischen Stichprobe besser war.

Im Folgenden werden Ergebnisse mit einer erweiterten Stichprobe dargestellt. Dabei wurden die anhand der Verteilungsparameter der Normierungsstichprobe (s. o.) ermittelten z-Werte der SVI-Skalen verwendet, bei denen der Mittelwert = 0 und die Standardabweichung ±1 ist.

Therapiekonzept. Alle Behandlungen fanden auf der Station „Aaron T. Beck" im ZSG Marienheide statt. Die Station ist kognitiv-verhaltenstherapeutisch ausgerichtet, mit einem systemisch-biographischen Verständnis von Ätiologie und Aufrechterhaltung der Störung (Zarbock, 2017). Ergänzend finden auch körpertherapeutische Konzepte Anwendung. Therapiegrundlage ist ein zu Beginn der Behandlung entwickeltes individuelles Konsensmodell der prädisponierenden, auslösenden und aufrechterhaltenden Faktoren. Depression wird als Reaktion auf akute und chronische psychosoziale Belastungen (z. B. Überforderung am Arbeitsplatz bzw. Arbeitslosigkeit, Partnerschaftskonflikte) betrachtet, kombiniert mit besonderen Vulnerabilitäten (z. B. dysfunktionale GrundÜberzeugungen, soziale oder emotionale Kompetenzdefizite, somatische Probleme), die zu Überlastung und Dekompensation führen. Hypothesen zu Hirnstoffwechselstörungen oder genetischen Dispositionen sind nicht Bestandteil des Erklärungsmodells. Aufgrund eigener Evaluationsstudien (Maß et al., 2019, 2023a) werden auf dieser Station seit Jahren keine Antidepressiva mehr eingesetzt, auch und gerade bei der Behandlung von Depressionen nicht. Die Behandlung zielt auf die Entwicklung adäquater Bewältigungsmechanismen und besteht aus zwei psychotherapeutischen Einzelsitzungen pro Woche (gegebenenfalls unter Einbeziehung von Angehörigen) und zusätzlichen Bezugspflegegesprächen, dazu Gruppentherapien (u. a. Depressionsbewältigung, Training sozialer Kompetenzen, Achtsamkeit, Konzentrative Bewegungstherapie, Achtsamkeitsgruppe, tiergestützte Therapie) sowie adjuvante Therapien (z. B. Entspannungsverfahren, Ergo- und Arbeitstherapie, Physiotherapie).

Stichprobe. Es handelt sich um N = 405 konsekutiv aufgenommene Patient*innen mit einem Durchschnittsalter von 40.4 Jahren (SD = 14.2) mit der Hauptdiagnose einer unipolaren Depression, davon 174 Männer (43.0 %) und 231 Frauen (57.0 %). Die Patient*innen befanden sich wegen der Depression in stationärer Behandlung; komorbide Angststörungen kamen bei 91 Fällen (22.5 %) vor, ausgeschlossen waren Persönlichkeitsstörungen, bipolare oder psychotische Störungen, Suchterkrankungen sowie hirnorganische Erkrankungen. Bei Beginn der Behandlung erreichten die Patient*innen im BDI-II einen Mittelwert von 31.7 (SD = 9.6; ab 29 Punkten geht man von einer schweren Depression aus). Der mittlere z-Wert in der SVI-Skala *Fremdbestimmung* lag bei Aufnahme bei 0.95 (SD = 1.07), für *Selbstbestimmung* bei −0.48 (SD = 0.88), für *Orientierung an den Erwartungen anderer* bei 1.25 (SD = .94).

381 Patient*innen (94.1 %) wurden regulär entlassen; die mittlere Behandlungsdauer betrug 59.0 Tage (SD = 17.5). Am Ende der Behandlung betrug deren mittlerer Score im BDI-II noch 11.3 Punkte (SD = 9.0), was im Normalbereich liegt.

Obwohl die mit dem BDI-II gemessene Depression im Durchschnitt stark zurückging (Effektstärke d = 1.9) und 249 Patient*innen (65.4 %) bei Entlassung im BDI-II einen Normalbefund (0–12 Punkte im BDI-II) erreicht hatten, so wiesen 67 Patient*innen (17.6 %) immer noch eine leichte (13–19 Punkte), 45 Patient*innen (11.8 %) eine mittelgradige (20–28 Punkte) und 20 (5.2 %) sogar eine schwere (29 oder mehr Punkte) Depression auf. Der varianzanalytische Vergleich mit dem SVI zwischen diesen drei Outcome-Gruppen (mittelgradige und schwere Depressionen wurden zusammengefasst) zeigte für alle drei SVI-Skalen, dass eine hohe Selbstverantwortung signifikant mit geringer Depressivität einherging und umgekehrt: *Fremdbestimmung*, $F(2, 378) = 29.113$, $p < .001$; *Selbstbestimmung*, $F(2, 378) = 14.788$, $p < .001$; *Orientierung an den Erwartungen anderer*, $F(2, 378) = 61.367$, $p < .001$. In den Abb. 2.2, 2.3, und 2.4 werden die Mittelwerte der SVI-Skalen (T-Werte) für die drei Gruppen dargestellt.

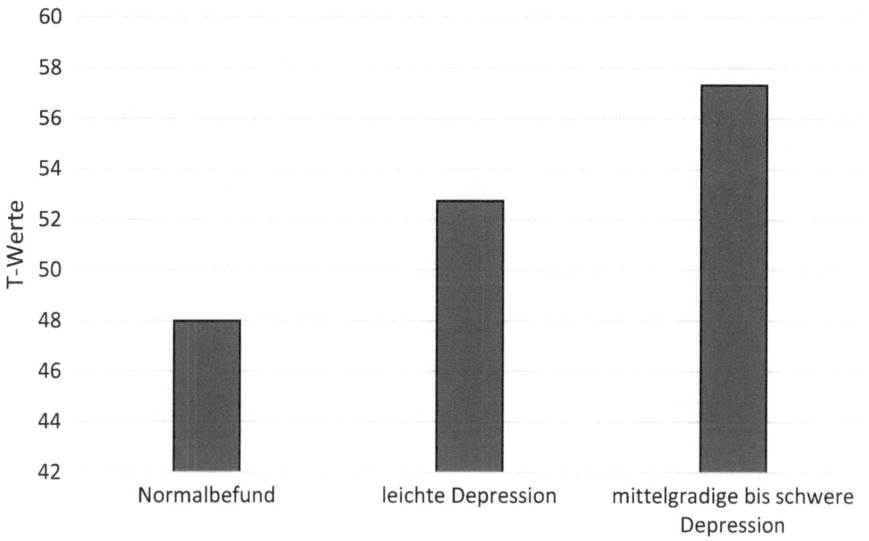

Abb. 2.2 Mittlere T-Werte der SVI-Skala *Fremdbestimmung* bei den drei mit dem BDI-II gebildeten Outcome-Gruppen

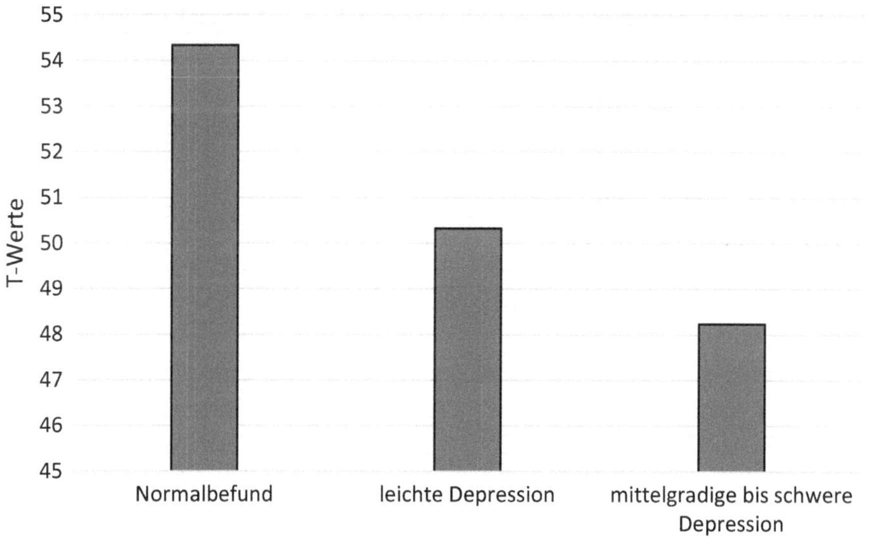

Abb. 2.3 Mittlere T-Werte der SVI-Skala *Selbstbestimmung* bei den drei mit dem BDI-II gebildeten Outcome-Gruppen

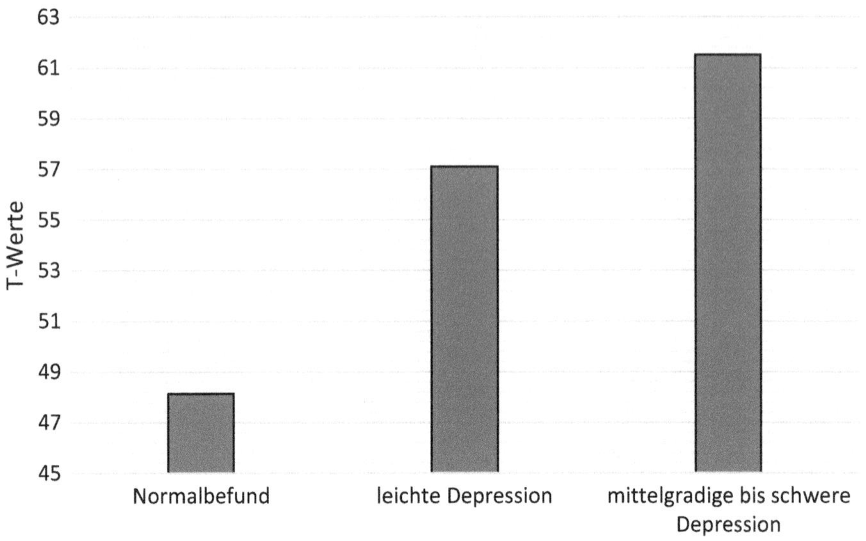

Abb. 2.4 Mittlere T-Werte der SVI-Skala *Orientierung an den Erwartungen anderer* bei den drei mit dem BDI-II gebildeten Outcome-Gruppen

Tab. 2.7 Veränderung in den SVI-Skalen (z-Werte) depressiver Patient*innen von Aufnahme zu Entlassung (nur reguläre Entlassungen, N = 381); t-Tests für Messwiederholungen; Effektstärke d

	AHI bei Aufnahme z-Werte; x̄ (SD)	AHI bei Entlassung z-Werte; x̄ (SD)	t (df = 380)	p (zweiseitig)	d[1]
SVI *Fremdbestimmung*	0.93 (1.07)	0.04 (0.99)	16.826	<.001	−0.83
SVI *Selbstbestimmung*	−0.48 (0.88)	0.26 (0.92)	−15.920	<.001	0.83
SVI *Orientierung an den Erwartungen anderer*	1.26 (0.93)	0.20 (1.10)	18.484	<.001	−1.04

[1]Berechnung der Effektstärke nach Morris & DeShon (2008)

Tab. 2.7 zeigt, wie sich die SVI-Werte bei den regulär entlassenen Patient*innen von der Aufnahme bis zur Entlassung veränderten. Alle Änderungen (Rückgänge bei FB uns OE, Anstieg bei SB) entsprechen Verbesserungen der Selbstverantwortung, sind statistisch hochsignifikant und stellen starke Effekte dar (Cohen, 1988).

Bei Aufnahme (N = 405) betrugen die Korrelationen zwischen SVI-Skalen und BDI-II .278 (p < .001) für FB, −.076 (p = .128) für SB und .371 (p < .001) für OE. Bei Entlassung (N = 381) lagen diese Korrelationen bei .432 (p < .001) für FB, −.270 (p < .001) für SB und .509 (p < .001) für OE.

Transfer des Therapieeffekts in den Alltag. Die Verbesserung der Selbstverantwortung während der Behandlung ist für den weiteren Verlauf der Depression relevant, wie die beiden folgenden Analysen zeigen.

1. Das SVI als Prädiktor der Depression sechs Monate nach Ende der Behandlung.

253 der Patient*innen (62.5 %) nahmen an einer Follow-up-Befragung sechs Monate nach der Entlassung teil und füllten dabei erneut das BDI-II aus. Es wurde eine sequentielle multiple Regressionsanalyse (SMRA) mit dem ‚BDI-II im Follow-up' als dependenter Variable und den in diese Reihenfolgen eingegebenen Prädiktoren ‚BDI-II bei Aufnahme', ‚BDI-II bei Entlassung', ‚Lebensalter', ‚Geschlecht', ‚Behandlungsdauer', ‚Antidepressivum bei Entlassung (ja vs. nein)' und den SVI-Skalen (FB, SB, OE) bei Entlassung. Mit der SMRA wird ermittelt, inwieweit jeder weitere eingegebene Prädiktor einen zusätzlichen Varianzanteil der abhängigen Variablen erklärt. Dabei zeigte sich, dass FB (F [1, 245] = 5.311, p = .022, Änderung R^2 = .013) und OE (F [1, 243] = 6.472, p = .012, Änderung R^2 = .016) signifikant die Depressivität sechs Monate nach der Entlassung vorhersagten. SB (F [1, 244] = 1.980, p = .161, Änderung R^2 = .005) war kein signifikanter Prädiktor.

2. Das SVI als Prädiktor des Rückfallrisikos.

Eine weitere relevante Frage ist, ob es innerhalb des ersten Jahres nach der Entlassung zu einer stationären Wiederaufnahme wegen einer neuerlichen Depression kam. In diese Auswertungen gingen N = 285 Patient*innen ein, bei denen der Beobachtungszeitraum zum Zeitpunkt der Durchführung dieser Berechnungen ein volles Jahr betrug. Bei 38 dieser Fälle (15.4 %) war es zur Wiederaufnahme gekommen. Tab. 2.8 zeigt die Unterschiede zwischen wiederaufgenommenen und nicht wiederaufgenommenen Patient*innen im SVI zum Entlassungszeitpunkt.

Die Patient*innen, bei denen es zu einer stationären Wiederaufnahme kam, wiesen am Ende der vorhergehenden Behandlung signifikant höhere Scores bei der *Fremdbestimmung* und bei der *Orientierung an den Erwartungen anderer* auf. Dies belegt zusammen mit den zuvor gezeigten Zusammenhängen mit der Depressivität beim 6-Monats-Follow-up, dass die Selbstverantwortung ein prognostisch wichtiger Faktor ist.

Tab. 2.8 Studie 4: Vorhersage der Wiederaufnahme innerhalb eines Jahres mit den SVI-Scores bei Entlassung

	Wiederaufnahme innerhalb eines Jahres (N = 28) $\bar{x}$ (SD)	keine Wiederaufnahme (N = 247) $\bar{x}$ (SD)	t (df = 283)	p (zweiseitig)
SVI *Fremdbestimmung*	0.45 (1.32)	0.02 (0.95)	−2.484	.014
SVI *Selbstbestimmung*	0.16 (0.87)	0.27 (0.91)	0.717	.474
SVI *Orientierung an den Erwartungen anderer*	0.58 (1.16)	0.16 (1.04)	−2.266	.024

2.5 Studie 5 – Klinische Stichprobe: Borderline-Persönlichkeitsstörung

Patient*innen mit der Diagnose einer Borderline-Persönlichkeitsstörung gelten allgemein als schwer behandelbar, obwohl es auch Hinweise auf günstigere Verläufe gibt (Zanarini et al., 2010). Auf der o. g. Station „Aaron T. Beck" werden auch solche Patient*innen behandelt, so dass es möglich war, eine eigene Stichprobe zu bilden.

Stichprobe. Es handelt sich um N = 42 Patient*innen mit einem Durchschnittsalter von 27.7 Jahren (SD = 10.5), davon 3 Männer (7.1 %) und 39 Frauen (92.9 %), die wegen einer Borderline-Persönlichkeitsstörung aufgenommen wurden. Bei Aufnahme erreichten die Patient*innen im BDI-II einen Mittelwert von 37.5 (SD = 11.16). 28 Patient*innen (66.7 %) wurden regulär entlassen. Die mittlere Behandlungsdauer dieser regulär entlassenen Patient*innen lag bei 52.9 Tagen (SD = 17.4). Sie erzielten bei Entlassung im Mittel einen BDI-II-Score von 25.0 Punkten (SD = 11.5); ein Score ab 20 bis einschließlich 28 Punkten wird als Hinweis auf eine mittelgradige Depression angesehen. Der mittlere z-Wert in der SVI-Skala *Fremdbestimmung* lag bei Aufnahme bei 1.00 (SD = 0.97), für *Selbstbestimmung* bei −0.70 (SD = 1.09), für *Orientierung an den Erwartungen anderer* bei 1.15 (SD = .86).

Bei Aufnahme (N = 42) betrugen die Korrelationen zwischen SVI-Skalen und BDI-II .406 (p = .008) für FB, −.378 (p = .014) für SB und .509 (p < .001) für OE. Bei Entlassung (N = 28) lagen diese Korrelationen bei .512 (p = .005) für FB, −.607 (p < .001) für SB und .545 (p < .003) für OE.

Tab. 2.9 zeigt, wie sich die Werte der drei SVI-Skalen von der Aufnahme bis zur (regulären) Entlassung in dieser Stichprobe entwickelten.

Auch in dieser Stichprobe wiesen die SVI-Werte zu Beginn der Behandlung auf eine deutlich reduzierte Selbstverantwortung, die sich zum Ende hin verbessert. In der Borderline-Stichprobe waren die Effekte jedoch lediglich schwach (OE) oder mittelstark (FB und SB).

Tab. 2.9 Veränderung in den SVI-Skalen (z-Werte) bei Patient*innen mit Borderline-Persönlichkeitsstörung von Aufnahme zu Entlassung (nur reguläre Entlassungen, N = 28); t-Tests für Messwiederholungen; Effektstärke d

	AHI bei Aufnahme z-Werte; x̄ (SD)	AHI bei Entlassung z-Werte; x̄ (SD)	t (df = 27)	p (zweiseitig)	d[1]
SVI *Fremdbestimmung*	1.04 (0.97)	0.41 (1.10)	3.693	<.001	−0.74
SVI *Selbstbestimmung*	−0.72 (1.02)	−0.08 (1.04)	−3.532	.002	0.68
SVI *Orientierung an den Erwartungen anderer*	1.18 (0.86)	0.80 (0.92)	1.975	.059	−0.37

[1]Berechnung der Effektstärke nach Morris & DeShon (2008)

Fallbeispiele 3

Die Darstellungen basieren auf realen Fällen, die in einigen Details so verfremdet wurden, dass die Anonymisierung gewährleistet ist. Es wurden solche Fälle ausgewählt, die extrem hohe Scores in einer der drei SVI-Skalen aufwiesen. Die Analysen in den Störungsmodellen geben nur einen Teil dessen wieder, was über die Fälle insgesamt zu sagen wäre; es wurde versucht, vor allem den Aspekt der mangelnden Selbstverantwortung aufzuzeigen.

3.1 Hohe Fremdbestimmung

Fallbeispiel 1
Frau S., 50 Jahre; Rohwert in der Skala *Fremdbestimmung*: 20 Punkte, entsprechend einem z-Wert von 3.82

Biographie. Frau S. sei zusammen mit einem um zwei Jahre älteren Bruder bei den Eltern aufgewachsen, deren Ehe unglücklich gewesen sei. Die Mutter habe unter Depressionen und Ängsten gelitten und sei zeitweise abhängig von Benzodiazepin gewesen. Sie habe sich oft bei der Patientin über ihren Mann beklagt. Sie habe an sich an die Patientin geklammert, sie abhängig gehalten und an sich gebunden. Die Patientin habe immer versucht, ihre Mutter zu unterstützen und zu entlasten. Der Vater habe wenig Interesse an der Patientin gezeigt und ihren Bruder bevorzugt.

R. Maß, *SVI – Selbstverantwortungs-Inventar*, Manuale zu Testverfahren und Fragebögen, https://doi.org/10.1007/978-3-662-71227-6_3

Die Patientin habe mit 19 Abitur gemacht und habe eigentlich studieren wollen. Das habe die Mutter ihr ausgeredet („Du kannst doch nichts“). Darum habe sie eine kaufmännische Ausbildung gemacht (20–23). Sie habe in dem Beruf gearbeitet, sei damit aber nie zufrieden gewesen.

Nach einigen kürzeren Beziehungen habe sie mit 25 die Beziehung zu ihrem späteren Ehemann aufgenommen. Mit 26 sei sie aus dem Elternhaus direkt mit ihm zusammengezogen und habe ihn mit 27 geheiratet. Mit 30 sei ihr Sohn zur Welt gekommen. Die Patientin beschreibt ihren Ehemann als dominant und erfolgreich, während sie selbst unsicher und voller Selbstzweifel sei. Ihr Mann reagiere empfindlich auf Kritik, sei ihr verbal überlegen, sie könne sich nicht durchsetzen. Sie hätte gern mehr Kinder gehabt, ihr Mann nicht, also habe sie sich untergeordnet. Sie habe als Angestellte in der Firma ihres Mannes gearbeitet. Auf sein Drängen habe sie mit 38 eine Leitungsfunktion übernommen, obwohl sie es nicht gewollt habe. Die Aufgabe gefalle ihr nicht, sie mache ihm seither Vorwürfe. Es komme oft zu Streitigkeiten. Die Patientin habe immer wieder depressive Phasen erlebt und habe eine ambulante Psychotherapie durchgeführt (40–42), jedoch ohne nachhaltigen Erfolg. Mit 43 sei sie erstmals wegen einer Depression in stationärer Behandlung gewesen. Mit 47 sei es nach einem Streit mit ihrem Mann über den Sohn zu einer tiefen Beziehungskrise gekommen, sie sei zeitweise zu einer Freundin gezogen. Das Paar habe einige Gespräche in einer Beratungsstelle geführt, jedoch ohne großen Erfolg. Die Beziehung sei weiter belastet gewesen. Zuletzt habe ihr Mann Zweifel an der Ehe geäußert. Im letzten Sommerurlaub habe er festgestellt, dass das Paar sich nichts mehr zu sagen habe. Er werfe der Patientin vor, dass sie nie ihre Meinung sage und ihm alle Entscheidungen überlasse, sich aber hinterher darüber beschwere. Die Patientin habe sich erschrocken und befürchte nun, er wolle sich trennen.

Störungsmodell. Die Mutter zog die Patientin von Anfang in ein Bündnis gegen ihren Mann und instrumentalisierte sie, um sich selbst zu stabilisieren und nicht allein zu sein. Der Vater bot keinen Ausgleich, sondern überließ die Patientin seiner Frau, während er selbst sich an seinen Sohn hielt. Die Autonomiebedürfnisse der Patientin wurden nicht gefördert; vielmehr stellten sie für die Mutter sogar eine Bedrohung dar und wurden daher unterdrückt. Die Eltern lebten ein Beziehungsmodell vor, bei dem die Frau hilflos und ohnmächtig ist und unter ihrem Mann leidet, ohne etwas daran ändern zu können. Die Patientin entwickelte dementsprechend ein negatives Selbstwertkonzept. Sie musste früh die Verantwortung für das Befinden ihrer Mutter übernehmen, was zugleich mit einer Vernachlässigung eigener Bedürfnisse und Interessen verbunden war, die sie bis heute in entscheidenden Situationen nicht einbringt. So kommt es immer wieder zu Entwicklungen, die ihren eigentlichen Wünschen nicht entsprechen, und sie findet sich in Lebenssituationen wieder, die ihr nicht gefallen. Sie sieht ihren eigenen Anteil daran nicht, sondern gibt anderen, insbesondere ihrem Mann, die Schuld. Sie kann dabei in ihrer „Komfortzone“ bleiben. Dort ist sie zwar sicher vor bedrohlichen Änderungs- und Entwicklungsanforderungen, zahlt aber den Preis einer großen Unzufriedenheit mit ihrem Leben und einem hohen Risiko, depressiv zu werden.

Fallbeispiel 2

Herr D., 56 Jahre; Rohwert in der Skala *Fremdbestimmung*: 24 Punkte, entsprechend einem z-Wert von 4.88

Biographie. Der Patient sei in ärmlichen Verhältnissen als Einzelkind bei seinen Eltern aufgewachsen. Er beschreibt sich als ängstliches, sensibles Kind. Der Vater sei ein cholerischer, gewalttätiger, sturer Tyrann gewesen, die Mutter habe sich ihm untergeordnet und angepasst; beide Eltern werden als lieblos und gefühlskalt beschrieben. Der Patient sei oft zu einer Schwester der Mutter „abgeschoben" worden. Auch diese Tante sei emotional kalt und habe ihn oft entwertet. Hauptschulabschluss mit 17, Ausbildung zum Kfz-Mechatroniker 17–20, danach habe er bis 32 in seinem Lehrberuf gearbeitet. Es sei gelegentlich zu Konflikten mit unfreundlichen Kunden gekommen, die ihn belastet hätten. Daher habe er den LKW-Führerschein gemacht und sei mit 33 in eine Spedition gewechselt. Die Arbeit als LKW-Fahrer gefalle ihm besser. Er habe allerdings viele Überstunden gemacht, um seinen Chef zufriedenzustellen, das habe ihn zunehmend überfordert.

Der Patient habe mehrere längere Beziehungen gehabt. Mit 26 sei er erstmals für ein halbes Jahr verheiratet gewesen. Auf Drängen der damaligen Frau habe einen hohen Kredit aufgenommen, er zahle die Schulden bis heute ab. Die Beziehung zu seiner heutigen Ehefrau habe begonnen, als er 49 war. Er habe sie mit 51 erneut geheiratet und wohne seither mit ihr in einer Wohnung im Haus der o. g. Tante. Diese lebe in einer separaten Wohnung im selben Haus und sei zunehmend pflegebedürftig. Sie habe bestimmt, dass derjenige, der sie zuletzt pflegt, das Haus erben werde. Der Patient und seine Frau würden von der Tante, die sehr fordernd und dominant auftrete, zunehmend eingespannt. Das Paarmüsse Einkäufe und Hausarbeiten machen, obwohl die Tante dazu körperlich noch in der Lage sei. Es komme zu Spannungen zwischen ihm und seiner Frau, die ihre Unzufriedenheit mit der Wohnsituation zum Ausdruck bringe und sich stärker von der Tante abgrenzen wolle.

Mit 54 habe der Patient eine transitorische ischämische Attacke (TIA) erlitten. Er sei zwei Monate lang in einer psychosomatischen Rehabilitationsklinik gewesen und sei seither arbeitsunfähig. Er leide unter körperlichen Missempfindungen wie Schwindel, Luftnot oder Kribbeln in den Fingern. Obwohl es keinen neurologischen Befund gibt, mache ihm das große Angst, es komme wöchentlich zu Panikattacken, in denen er den Rettungsdienst alarmiere. Ein halbes Jahr vor der aktuellen Aufnahme sei er für zwei Monate in stationär-psychiatrischer Behandlung gewesen, ohne nachhaltigen Erfolg. Der Patient wünsche sich mehr Zuwendung und Halt von seiner Frau, er leide darunter, dass sie sich ihm entziehe, er sei auch wütend auf sie.

Störungsmodell. Der Patient erhielt von den erwachsenen Bezugspersonen wenig Zuwendung oder Förderung, obwohl gerade er sie benötigt hätte. Seine Autonomieentwicklung ist gestört, er hat wenig Zugang zu seinen Gefühlen und kann sich in sozialen Beziehungen nicht gut behaupten. Er hat gelernt, sich unterzuordnen. Dadurch lässt er sich leicht ausnutzen. Er erlebt sich oft als hilfloses Opfer und sehnt sich nach Rücksicht und Schonung durch andere, ohne sich offensiv dafür einzusetzen. In der Folge wurde seine Lebenssituation in den letzten Jahren immer schwieriger, bis es zur TIA kam, möglicherweise als Folge der Überforderungen (Überstunden, Versorgung der Tante, Konflikt mit Ehefrau). Mit der Berufstätigkeit verlor er einen wichtigen selbstwertstabilisierenden Faktor. Aus der nachvollziehbaren Verunsicherung hinsichtlich des eigenen Körpers entstand eine Angststörung, die deutliche funktionale Aspekte hat. Er kann sich damit allen Anforderungen entziehen, ohne sich direkt dafür einsetzen zu müssen. In der Ehe regredierte er und suchte vermehrt Zuwendung und Halt bei seiner Frau, die sich dem entzog, so dass es zu einem Teufelskreis kam: Je mehr sie sich entzog, desto wütender und fordernder wurde er und vice versa.

3.2 Geringe Selbstbestimmung

Fallbeispiel 3

Frau B., 18 Jahre; Rohwert in der Skala *Selbstbestimmung*: 10 Punkte, entsprechend einem z-Wert von −2.99

Biographie. Frau B. sei mit einer um ein Jahr jüngeren Schwester bei den Eltern aufgewachsen, die sich oft gestritten und wenig Interesse am Befinden der Kinder gezeigt hätten. Die Mutter sei der wichtigere Elternteil gewesen. Sie wird als schwach, bedürftig und depressiv beschrieben, habe Alkohol und Tabletten konsumiert, sei oft weggelaufen und bis zu einer Woche fortgeblieben. Sie habe Suizid begangen, als die Patientin 12 Jahre alt war. Der Vater wird als egoistisch, fordernd, leicht kränkbar und grenzüberschreitend beschrieben. Er habe die Patientin schon als kleines Mädchen oft angeschrien. Die Patientin habe ihn früher getröstet, wenn die Mutter weggelaufen war. Sie habe sich selbst die Schuld daran gegeben. Die Schwester habe sich besser von den Eltern abgrenzen können. Als die Patientin 16 war, habe der Vater eine neue Beziehung aufgenommen, sich verlobt und vor kurzer Zeit geheiratet. Es sei geplant, dass seine Frau bald in das Haus einzieht. Der Vater habe darüber mit seinen Töchtern nicht gesprochen, er kümmere sich nur um sich und seine neue Frau. Die Patientin sei darüber sehr wütend, was sie aber für sich behalte, sie wolle das Glück des Vaters nicht stören. Sie sei seit einem Jahr zunehmend depressiv und habe Suizidgedanken entwickelt. Die Patientin lebe, wie ihre Schwester, noch im Elternhaus. Sie habe noch keine Beziehungserfahrungen, habe daran auch kein Interesse. Sie habe zwar einen Schulabschluss, aber keine berufliche Perspektive. Die Schwester habe bereits eine Ausbildung begonnen.

Störungsmodell. Die Patientin wurde von den bedürftigen Eltern früh parentifiziert. Sie übernahm schon als Kind Verantwortung für deren Befinden und gab sich insbesondere die Schuld am Leiden der Mutter. Zentrale kindliche Bedürfnisse nach Bindungssicherheit, Fürsorge und Zuwendung wurden vernachlässigt. Der Suizid der Mutter stellte einen katastrophalen Einschnitt für die Patientin dar, der aber vom Vater ignoriert wurde. Der kränkbare, möglicherweise narzisstisch gestörte Vater zeigte auch weiterhin kein Interesse an der Situation seiner Töchter, fordert stattdessen Rücksicht und Unterordnung. Die Patientin wurde in die Progression getrieben und hat zugleich tiefgreifende Ängste davor, Fehler zu machen und mit Beziehungsabbruch abgestraft zu werden. Die Schwester der Patientin ist besser abgegrenzt, aber vermutlich nur, weil sie weiß, dass die Patientin „die Stellung hält". Die Hinwendung des Vaters zu seiner neuen Partnerin löst bei der Patientin Wut und Enttäuschung aus, da sie sich insgeheim selbst nach seiner Zuwendung sehnt und noch nicht akzeptiert hat, dass von ihm nichts zu erwarten ist. Sie will ihn zugleich auch vor ihrer eigenen Wut schonen, weil sie Rücksicht auf seine Überempfindlichkeit nimmt. Damit bindet sie sich an ihr Elternhaus und blockiert ihre eigene Autonomieentwicklung.

Fallbeispiel 4

Herr M., 58 Jahre; Rohwert in der Skala *Selbstbestimmung*: 7 Punkte, entsprechend einem z-Wert von −2.93

Biographie. Herr M. sei mit einem Bruder (zwei Jahre jünger) und einer Schwester (vier Jahre jünger) bei seinen Eltern aufgewachsen. Der Vater sei ein Zuhälter gewesen. Er habe seine Frau und seine beiden Söhne sexuell ausgebeutet und Freiern gegen Geld zur Verfügung gestellt. Die Mutter sei hilflos und depressiv gewesen, der Patient habe sie beschützen wollen, habe sich den Freiern entgegengestellt, natürlich vergeblich. Als er 14 Jahre alt war, sei die Mutter an Krebs gestorben. Der Vater habe eine neue Beziehung aufgenommen und den Patienten mit 16 auf die Straße gesetzt. Er habe dem Patienten gedroht, ihn zu ermorden, falls er jemandem von der Zwangsprostitution erzählt. Der Patient sei obdachlos gewesen, sei umhergezogen, habe Drogen konsumiert, habe auch gestohlen. Er habe keinen Schulabschluss und keine Ausbildung. Mit 18 sei er ein halbes Jahr lang im Gefängnis gewesen.

Mit 20 sei er von einer Familie aus seinem Heimatdorf aufgenommen worden und habe dort für einige Jahre gelebt. Er sei gut behandelt worden. Das habe sein Leben geändert. Mit 26 habe er eine Festanstellung in Vollzeit als Produktionshelfer bekommen. Mit 27 habe die Beziehung zu seiner heutigen Ehefrau begonnen, Heirat mit 30, Geburt zweier Töchter mit 33 und 35. Die Beziehung sei stabil, aber seine Frau bevormunde ihn. Es gebe seit der Geburt der Kinder keine partnerschaftliche Sexualität und wenig Körperkontakt.

Als der Patient 46 war, sei sein Vater verstorben, das habe bei ihm die Erinnerungen an seine Kindheit aktualisiert; vermutlich spielte auch die nun unwirksame Drohung des Vaters, ihn zu ermorden, falls er von der Zwangsprostitution erzählen würde, eine Rolle. Er habe begonnen, über seine Kindheit zu reden. Dabei habe er zeitweise eine psychogene Gangstörung entwickelt, habe sechs Monate im Rollstuhl gesessen. Er habe seine Stelle verloren, sei wiederholt suizidal geworden und häufig in stationär-psychiatrischer und ambulanter Behandlung gewesen. Er habe einige Traumatherapien gemacht. Seine familiäre Vorgeschichte löse bei Therapeut*innen regelmäßig Entsetzen, Betroffenheit und Mitgefühl aus, er genieße die Anerkennung und Würdigung. Er arbeite heute in Teilzeit in einer geschützten Werkstatt und fühle sich oft überfordert. Sein Zustand verschlechtere sich weiter, inzwischen könne er keine öffentlichen Verkehrsmittel mehr benutzen. Seit kurzer Zeit beziehe er eine Rente.

Störungsmodell. Herr M. wuchs unter desaströsen Bedingungen auf, seinem dissozialen Vater war er ausgeliefert. Die Mutter bot keinen Schutz, stattdessen übernahm der Patient für sie die Beschützerrolle, obwohl er selbst permanent missbraucht wurde. Er hatte keine Chance auf eine auch nur annähernd ungestörte Autonomieentwicklung. Er war bereits auf dem Weg in eine kriminelle Laufbahn. Sein Gück war die Aufnahme in eine intakte Familie. Es ist bemerkenswert, wie es ihm gelang, sich zu stabilisieren, das weist auf beträchtliche Ressourcen hin. Vermutlich war eine Voraussetzung für seine Stabilisierung, die nie überwundenen traumatisierenden Erfahrungen seiner Kindheit und Jugend i.S. eines Selbstschutzes abzuspalten, wobei auch die ernstzunehmende Morddrohung des Vaters eine Rolle spielte. Die Nachricht von dessen Tod führte zu einer Aktualisierung der Traumatisierungen, mit der Folge einer massiven Destabilisierung. Es gelang ihm trotz der vielen Behandlungen nicht, das vorherige Niveau an Autonomie zu erreichen, stattdessen führt er nun das Leben eines chronisch Kranken. Mit dieser Rolle hat er sich identifiziert, er sieht sich inzwischen als unheilbares Traumaopfer. Vermutlich wurde er unabsichtlich durch die Vorbehandlungen darin verstärkt. Er erfuhr Schonung, wurde dabei psychotherapeutisch nicht gefordert, seine Ressourcen wurden nicht genutzt. Die konstruktive Auseinandersetzung mit seinen eigenen Anteilen, insbesondere mit seinem Selbstverantwortungsdefizit, ist bislang ausgeblieben.

3.3 Hohe Orientierung an den Erwartungen anderer

Fallbeispiel 5

Herr M., 47 Jahre; Rohwert in der Skala *Orientierung an den Erwartungen anderer*: 30 Punkte, entsprechend einem z-Wert von 3.22

Biographie. Der Patient berichtet, zusammen mit einer Schwester (sieben Jahren jünger) und einem Bruder (11 Jahre jünger) bei seinen deutschstämmigen Eltern in Russland aufgewachsen zu sein. Der Vater sei alkoholabhängig und gewalttätig gewesen. Er habe seine Frau und den Patienten oft geschlagen, nicht aber die jüngeren Kinder. Die Mutter sei liebevoll und fürsorglich gewesen. Sie sei oft für mehrere Tage vor dem Vater geflohen (manchmal mit den Kindern, manchmal ohne sie), sei aber immer wieder zu ihm zurückgekehrt und habe sich nie von ihm getrennt. Der Patient habe in ständiger Furcht vor seinem Vater gelebt, manchmal habe er Todesangst gehabt (z. B., wenn die Mutter ihn allein bei dem Vater zurückließ). Er habe bis zum Alter von 17 Jahren unter Enuresis nocturna gelitten.

Als der Patient 17 war, sei die Familie nach Deutschland migriert. Mit 18 habe er Beziehung zu seiner späteren Ehefrau begonnen, mit 19 habe er geheiratet. Mit 20 habe er einen Sohn bekommen, mit 22 eine Tochter. Er habe eine Ausbildung zum Maurer gemacht und sei bis heute als Angestellter in einer Baufirma tätig. Zusätzlich zu seiner regulären Arbeit habe er aus Gefälligkeit oft für Nachbarn und Bekannte gearbeitet, ohne Gegenleistung. Er leide inzwischen unter Arthrose (Schulter-Operation mit 45).

Er könne schlecht „nein" sagen. Bei Konflikten schlucke er seinen Ärger immer herunter, drücke ihn durch „vorwurfsvolles Schweigen" aus. Sein Chef gebe ihm immer mehr Aufgaben, das sei ihm seit geraumer Zeit zu viel, er finde es ungerecht, sage aber nichts. Im Laufe der letzten Jahre sei es ihm schleichend immer schlechter gegangen, er fühle sich unverstanden, sei reizbar, es komme aus nichtigen Anlässen zu Streit mit seiner Frau, die Beziehung sei seit zunehmend belastet. Auch der Kontakt mit Sohn und Tochter sei angespannt. Die Tochter leide ebenfalls unter Depressionen und sei wütend auf ihn. In einer Aussprache habe sie ihm vorgeworfen, sie früher geschlagen zu haben (ca. einmal im Jahr). Er mache sich deswegen schwere Vorwürfe. Er habe damit aufgehört, weil seine Frau eingeschritten sei, als er die damals 14-jährige Tochter besonders heftig geschlagen hatte; er habe sich hinterher über sich selbst erschrocken.

Störungsmodell. Der Patient wuchs in einer Art familiärer Diktatur in einer permanent bedrohlichen Atmosphäre auf. Ein Widerstand gegen den brutalen Vater war nicht möglich. Auch die Mutter wurde ihrer Verantwortung als Elternteil nicht gerecht. So lernte der Patient nie, sich offen für eigene Bedürfnisse einzusetzen oder seine Grenzen zu wahren. Stattdessen unterdrückt er seine Gefühle, z. B. Ärger, weil er andernfalls eine unmittelbare Bestrafung fürchtet. Auf diese Weise ist er außerstande, interpersonelle Konflikte zu lösen oder auch nur zu thematisieren. So ist er ständig wütend, weil sein Vorgesetzter ihm immer neue Aufgaben überträgt, grenzt sich jedoch nicht ab, sondern hat die stillschweigende Erwartung, dass der Vorgesetzte von selbst ein Einsehen zeigt. Da das nicht passiert, fühlt er sich ungerecht behandelt. Sein Frauenbild ist kompliziert; er wurde von seiner Mutter im Stich gelassen, weil diese beim Vater blieb, konnte seine Wut auf sie jedoch nicht zulassen, weil sie selbst geschlagen wurde. Auch im familiären Rahmen ist seine Kommunikation bestenfalls indirekt. Er häuft Wut auf das Gegenüber an, ist latent gereizt (auf Frau und Kinder). Aus Bagatellen entstehen immer neue Streitigkeiten, die er weder versteht noch auflösen kann. Inzwischen ist die Ehe stark belastet.

Fallbeispiel 5

Herr S., 53 Jahre; Rohwert in der Skala *Orientierung an den Erwartungen anderer*: 28 Punkte, entsprechend einem z-Wert von 2.89

Biographie. Herr S. sei mit einem um fünf Jahre älteren Bruder in ländlicher Umgebung aufgewachsen. Die Ehe der Eltern sei intakt gewesen. Die Familie gehöre einer freien evangelischen Gemeinde an und sei hier sehr engagiert. Der Patient habe immer ein enges Verhältnis zu seinem Vater gehabt, einem ruhigen, liebenswürdigen Mann, der viel Zeit mit ihm verbracht und ihn z. B. bei beruflichen Fahrten mitgenommen habe. Die Mutter wird als streng und hart beschrieben. Sie habe den Patienten oft geschlagen, etwa für schlechtes Benehmen in der Schule. Mehrmals habe sie ihm einen gepackten Koffer vor die Tür gestellt und ihn ausgesperrt. Sie habe das erstmals gemacht, als er 10 Jahre alt war. Er habe sich zutiefst erschrocken und so lange gebettelt und gefleht, bis seine Mutter ihn wieder in die Wohnung ließ. Der Vater habe nichts dazu gesagt. Sein Bruder habe ihn immer schikaniert, der Patient habe sich wehrlos gefühlt. Das Verhältnis der Brüder sei bis heute schlecht. Der Patient sei sehr religiös und habe außerhalb der Gemeinde kaum soziale Kontakte.

Nach seinem Hauptschulabschluss habe er eine Ausbildung zum Garten- und Landschaftsbauer gemacht und arbeite seither in verschiedenen Firmen in diesem Beruf. Er habe mit 20 geheiratet, auch seine Frau gehöre seiner Religionsgemeinschaft an. Seine Töchter seien zur Welt gekommen, als er 21, 23 bzw. 32 Jahre alt war, seine Söhne habe er mit 22, 35 bzw. 39 bekommen.

Der Patient fühle sich von Kollegen und Vorgesetzten oft ungerecht behandelt. Er sage dazu meistens nichts, sondern schlucke seinen Ärger herunter. Er habe Angst vor Konflikten und versuche, Streit aus dem Weg zu gehen. Er sei oft gereizt und lasse seinen Ärger an seiner Frau und seinen Kindern aus, weswegen er hinterher stets ein schlechtes Gewissen habe. Mit 50 habe er eine neue Stelle angenommen. Die Situationen, in denen er sich ungerecht behandelt fühlt, hätten dort zugenommen. Er habe begonnen, andere Menschen zu beobachten und innerlich Listen über deren Fehlverhalten zu führen, um dies bei passender Gelegenheit zu nutzen und ihnen Vorwürfe zu machen. Manchmal verliere er die Kontrolle über sich und „explodiere". Er könne dann sehr aggressiv werden. Zuletzt habe er einen Streit mit seinem Vorgesetzten gehabt, daraufhin sei ihm gekündigt worden.

Störungsmodell. Prägend für die Entwicklung des Patienten waren die sadistisch anmutenden, vom Patienten als existenzielle Bedrohung erlebten Bestrafungen durch die Mutter für geringfügiges kindliches Fehlverhalten, das durchaus altersentsprechend war. Diese Bestrafungen in Kombination mit einer restriktiven religiösen Ideologie führten zu einem überangepassten, konfliktvermeidenden Persönlichkeitsstil. Das vom Vater gebotene Modell von Männlichkeit war schwach, der Vater schützte ihn nicht. Der Patient hat nie gelernt, für sich zu sorgen und sich direkt für seine Interessen einzusetzen. Insbesondere „negative" Gefühle wie Ärger erlebt er als bedrohlich und unterdrückt sie, statt sie adäquat zum Ausdruck zu bringen. Er versucht penibel, sich an alle Regeln und Vorschriften zu halten, Fehler zu vermeiden, alle Erwartungen zu erfüllen und sich vollständig korrekt zu verhalten, und erwartet das auch von den anderen. Es macht ihn wütend, wenn die anderen das (nach seiner Einschätzung) nicht tun. Im direkten Kontakt ordnet er sich unter, sammelt dabei seinen Ärger innerlich an und hat selbst einen gewissen Sadismus entwickelt. Entlädt sich der über lange Zeit angestaute Ärger, kann er anderen minutiös und kleinlich ihre Fehler aufzählen. Obwohl er vermutlich oft Recht hat, nützt es ihm nichts, denn dadurch, dass sein angesammelter Ärger sich explosionsartig entlädt, ist er für den jeweiligen Anlass unangemessen, so dass er sich selbst ins Unrecht setzt und seine Ziele (z. B. Gerechtigkeit, Anerkennung) unerreichbar werden. Seine Ehe und sein Familienleben leiden unter seiner Gereiztheit und seinen aggressiven Ausbrüchen, für die er sich – zu Recht – hinterher schuldig fühlt. Jedoch zieht er die falsche Schlussfolgerung, weil er versucht, seine Gefühle noch mehr unter Kontrolle zu bekommen.

Selbstverantwortung und Psychotherapie

4

Wie bereits in der Einführung dargelegt wurde, ist das Konzept der Selbstverantwortung von zentraler Bedeutung für die Erfolgsaussichten jeder Form von Psychotherapie:

- Patientinnen und Patienten mit von vornherein gut entwickelter Selbstverantwortung haben größerer Chancen, von einer Psychotherapie zu profitieren als solche mit geringer Selbstverantwortung;
- Patientinnen und Patienten mit geringer Selbstverantwortung kommen wahrscheinlich unter anderem aufgrund der Probleme in die Behandlung, deren Ursachen in eben diesem Defizit liegen, und können von der Psychotherapie nur dann profitieren, wenn sie die Übernahme von Selbstverantwortung eines der Therapieziele ist.

Dabei wird Psychotherapie verstanden als die professionelle Behandlung seelischer oder seelisch bedingter körperlicher Störungen mit dem übergeordneten Ziel, die Autonomie des Patienten bzw. der Patientin soweit wie möglich zu entwickeln bzw. wiederherzustellen. Dieses Ziel ist unabhängig von Theorien oder Interventionsformen, in denen sich die verschiedenen Therapieschulen unterscheiden, es und es ist auch unabhängig von Symptomen oder Diagnosen oder von der Durchführung im Einzel-, Paar- oder Gruppensetting. Die Übernahme von Selbstverantwortung wird als entscheidende Voraussetzung für die Entwicklung der persönlichen Autonomie betrachtet. Aufgrund der universalen Bedeutung von Selbstverantwortung wäre es auch nicht sinnvoll, ein neues, spezifisches Tool oder Therapiemanual zur Verstärkung der Selbstverantwortung o. ä. zu entwickeln – jede denkbare psychotherapeutische Intervention ist bereits ein solches Tool.

Es gibt Patient*innen, deren Potential zur Übernahme von Selbstverantwortung aufgrund ihrer individuellen Psychopathologie begrenzt ist. Das ist z. B. typischerweise bei Persönlichkeitsstörungen der Fall. Die zuvor beschriebenen Ergebnisse von Studie 5 (Behandlung von Borderline-Persönlichkeitsstörungen) haben das

R. Maß, *SVI – Selbstverantwortungs-Inventar*, Manuale zu Testverfahren und Fragebögen, https://doi.org/10.1007/978-3-662-71227-6_4

illustriert. Die Behandlungsverläufe sind dementsprechend oft mühsam und langwierig, die Prognose ist nicht so günstig wie bei einer Depression oder einer Angststörung.

In anderen Fällen ist die Bereitschaft zu Übernahme von Selbstverantwortung nicht gegeben, obwohl das Potential vorhanden wäre. Wie bereits beschrieben, besteht dann bei Patient*innen oft die stillschweigende oder explizite Erwartung, dass der Therapeut bzw. die Therapeutin vollständig die Verantwortung für den Erfolg der Behandlung übernimmt. Es ist von entscheidender Bedeutung, eine solche passive, konsumierende Haltung gleich zu Beginn aufzudecken und dieses falsche Verständnis von Sinn und Zweck einer Psychotherapie zu korrigieren. Manche Kolleg*innen scheuen sich, ihre Patient*innen derartig zu konfrontieren. Dessen ungeachtet ist es aber notwendig und letztlich auch im Interesse der Patient*innen. Vermeidet man diese Auseinandersetzung, so erhält man zwar kurzfristig eine oberflächliche Harmonie in den Therapiesitzung, hat aber den Weg für eine eher erfolglose Therapie gebahnt.

Psychotherapie ist eine psychosoziale Interventionsform, die ihre Wurzeln untrennbar in der Kultur und Geschichte der westlichen Industrienationen hat. Dazu gehören Wertvorstellungen von individueller Freiheit, Persönlichkeitseinwicklung, Säkularität, Gleichberechtigung der Geschlechter und einiges mehr. In diesem Kontext steht auch das Konzept der Selbstverantwortung. Man darf bei Menschen aus anderen Kulturkreisen nicht voraussetzen, dass die o.g. Werte für sie ebenso selbstverständlich sind. In vielen Kulturen hat die Einbindung in eine Großfamilie eine sehr viel größere Bedeutung als z. B. in Deutschland, wo nur knapp ein Prozent der Privathaushalte mehr als zwei Generationen umfasst (Nöthen, 2005). So sind in Ländern ohne Sozialsysteme (z. B. Rentenkasse, öffentliches Gesundheitswesen) traditionell die Kinder für die Altersabsicherung der Eltern verantwortlich. Gerade in islamisch geprägten Ländern sind Frauen nicht gleichberechtigt und dürfen ihr Leben sehr viel weniger selbstbestimmt gestalten als Männer. Frauen mit diesem kulturellen Hintergrund, die in Deutschland aufgewachsen sind, leben innerlich manchmal in zwei Welten und müssen zwischen der traditionellen, in der Regel noch von der eigenen Mutter vorgelebten Frauenrolle und den offeneren Möglichkeiten der Lebensgestaltung für Frauen in liberalen Demokratien entscheiden. Gelegentlich ist es weniger das soziale Umfeld, das sie daran hindert, Selbstverantwortung zu übernehmen und ihr Leben frei zu gestalten (obwohl auch das vorkommt), sondern die eigene Ambivalenz, die Befürchtung, dann eine „schlechte Tochter" oder „schlechte Ehefrau" zu sein. Die Auseinandersetzung mit den eigenen kulturellen Wurzeln muss Raum haben, wenn solche Frauen oder auch Männer psychotherapeutische Hilfe suchen.

Die Entwicklung von Selbstverantwortung im Rahmen einer Psychotherapie kann durch einige Umstände erschwert werden.

(1) Es gibt Patient*innen und Patienten, die über Jahre und sogar Jahrzehnte von einer Psychotherapie in die nächste gehen, mit mehr oder weniger kurzen Unterbrechungen. Oft wird dabei zwischen ambulanten, tagesklinischen und vollstationären Behandlungen gewechselt. Psychotherapie ist hier keine Be-

handlung mehr, sondern eine Lebensweise, und dient möglicherweise schon lange nicht mehr dem Erreichen bestimmter Ziele. In manchen Fällen werden die wöchentlichen Sitzungen ausschließlich zur Klärung von Alltagsproblemen („Trouble Shooting") oder für tröstliche Gespräche verwendet. Das gehört natürlich zu jeder Psychotherapie dazu, darf aber nicht die ganze Therapie ausmachen. Fortschritt und Persönlichkeitsentwicklung gibt es nur dann, wenn die gewohnten Denk- und Verhaltensmuster verlassen werden.

(2) Leider gibt es auch Psychotherapeut*innen, die die Übernahme von Selbstverantwortung und damit die Autonomieentwicklung ihrer Patient*innen verhindern. In dem Maße, in dem Patient*innen autonom und selbstverantwortlich werden, werden sie auch unabhängig von ihren Therapeut*innen. Man kann sagen: Gute Psychotherapeut*innen arbeiten so, dass ihre Patient*innen sie nicht mehr brauchen und sie sich selbst überflüssig machen. Wenn Psychotherapeut*innen ihren Selbstwert davon abhängig machen, dass ihre Patient*innen ihre Hilfe benötigen, kann es sein, dass sie die Autonomie ihrer Patient*innen schwer aushalten und unbewusst dagegen arbeiten; letztlich versuchen sie, ihre Patient*innen an sich zu binden. Das geschieht meistens nicht bewusst oder absichtlich, erschwert aber die Übernahme von Selbstverantwortung durch die Patient*innen.

(3) Hinderlich bei der Entwicklung von Selbstverantwortung sind auch ungerechtfertigte biologistische Überzeugungen hinsichtlich der Ursachen seelischer Störungen. Die wissenschaftlich nicht belegte Behauptung etwa, eine Erkrankung wie Depression sei die Folge genetischer Dispositionen bzw. einer Hirnstoffwechselstörung oder anderer hirnorganischer Fehlfunktionen, verbunden mit der Aufforderung oder leider manchmal sogar Bedingung, sich auf eine biomedizinische Behandlung wie ein Antidepressivum einzulassen (es gibt psychiatrische Kliniken, in denen die Aufnahme abgelehnt wird, wenn ein depressiver Patient nicht bereit ist, ein Antidepressivum einzunehmen), kann bei Patient*innen zu einer Hoffnungslosigkeit bezüglich der eigenen Handlungsoptionen führen. Wohlgemerkt: Es geht hier nicht um Psychopharmaka allgemein; beispielsweise ist die Einnahme von phasenprophylaktischen Medikamenten wie Lithium bei der Behandlung bipolarer Störungen geboten, auch der Einsatz von Psychosen mit Neuroleptika ist trotz der z. T. erheblichen Nebenwirkungen von Nutzen. Aber diese Erkrankungen sind nicht mit emotionalen Störungen wie Depression vergleichbar. – Dieser Punkt wird im anschließenden Kap. 5 „Selbstverantwortung und Antidepressiva" vertieft (siehe auch Maß, 2025).

5 Selbstverantwortung und Antidepressiva

Seit vielen Jahren bestehen erhebliche Zweifel am Nutzen von Antidepressiva. Aktuelle Studien (Cuijpers et al., 2023; Maß et al., 2023a, b) haben sowohl für die ambulante als auch für die stationäre Behandlung gezeigt, dass die Kombination von Psychotherapie und Antidepressiva bei der Behandlung von Depression nicht wirksamer ist als Psychotherapie allein. Es spricht sehr viel dafür, dass der Nutzen von Antidepressiva ausschließlich auf einen Placebo-Effekt zurückzuführen ist, der durch die besonderen Bedingungen von Doppelblindstudien hervorgerufen wird (Baethge et al., 2013; Kirsch, 2016, 2019; Hengartner, 2017; Turner et al., 2022).

Aufgrund sehr erfolgreicher Desinformationskampagnen der Hersteller von Antidepressiva (Lacasse & Leo, 2005) halten sich gegen jede wissenschaftliche Evidenz (vgl. Major Depressive Disorder Working Group of the Psychiatric GWAS Consortium, 2013; Moncrieff et al., 2023) bis heute Vorstellungen, Depression sei eine körperliche Erkrankung – ein genetischer Defekt bzw. die Folge eines Mangels an Serotonin oder anderen Neurotransmittern im Gehirn – und müsse daher mit biomedizinischen Mitteln behandelt werden, vor allem mit Antidepressiva. Loughman & Haslam (2018) zeigten in einer Metaanalyse, dass alle Formen neurobiologischer Erklärungen psychischer Störungen mit sozialer Stigmatisierung verbunden sind. Schroder et al. (2020) untersuchten eine Stichprobe von N = 279 Patient*innen, die sich wegen einer Depression einer Verhaltenstherapie unterzogen. Sie stellten fest, dass auch in dieser Stichprobe der Glaube an biogenetische Ursachen der Depression (Serotoninmangel) verbreitet war. Dieser Glaube war sowohl mit geringeren Erwartungen an den Erfolg der Verhaltenstherapie als auch mit einem tatsächlich schlechteren Behandlungsergebnis verbunden.

Anhand der bereits in Kap. 2 (Konstruktion und Evaluation, Studie 4) beschriebenen Stichprobe von N = 405 Depressiven wurden die Zusammenhänge zwischen Selbstverantwortung und dem Wunsch, Antidepressiva einzunehmen, untersucht. Dabei wurden nur diejenigen Fälle berücksichtigt, bei denen es eine reguläre Entlassung und keinen vorzeitigen Behandlungsabbruch gab, das traf für 381 Patient*innen (94.1 %) zu.

R. Maß, *SVI – Selbstverantwortungs-Inventar*, Manuale zu Testverfahren und Fragebögen, https://doi.org/10.1007/978-3-662-71227-6_5

Wie bereits beschrieben wurde, wird Depression auf der Station „Aaron T. Beck“ als Folge psychosozialer Belastungen betrachtet. Biologische Faktoren (Serotonin- oder Noradrenalinmangel, genetische Dispositionen etc.) werden *nicht* zur Erklärung der Depression herangezogen. Alle Patient*innen werden diesbezüglich aufgeklärt. Die Behandlung erfolgt durch eine intensive vollstationäre Psychotherapie. Von der Einnahme von Antidepressiva wird ausdrücklich abgeraten. Patientinnen und Patienten, die bereits vor der Aufnahme auf dieser Station begonnen haben, ein Antidepressivum einzunehmen (leider oft auf ärztlichen Druck), wird empfohlen, dieses während der Behandlung abzusetzen. Die meisten machen das. Aber einige entscheiden sich gegen den Rat der Behandler*innen, das Antidepressivum weiter einzunehmen. Aufgrund des Therapiekonzeptes der Station ist somit sichergestellt, dass die Einnahme von Antidepressiva zum Zeitpunkt der Entlassung allein auf den expliziten Wunsch der Patient*innen erfolgt.

Von den o.g. 381 Patient*innen nahmen 66 (17.3 %) bei Entlassung immer noch ein Antidepressivum ein, 315 Patient*innen (82.7 %) hatten darauf verzichtet und allein auf die stationäre Psychotherapie vertraut.

Der Vergleich dieser beiden Gruppen bei Behandlungsende zeigt, dass die Entscheidung für ein Antidepressivum mit einer signifikant schlechteren Selbstverantwortung verbunden war (siehe Tab. 5.1), das gilt für alle drei Skalen des SVI.

Der Wunsch, zur Behandlung der Depression ein Antidepressivum einzunehmen, ging einher mit mehr *Fremdbestimmung*, weniger *Selbstbestimmung* und mehr *Orientierung an den Erwartungen anderer*. Zugleich war die Einnahme eines Antidepressivums mit einem schlechteren Ergebnis der Behandlung verbunden, denn die Patient*innen, die zum Zeitpunkt der Entlassung immer noch Antidepressiva einnahmen, waren signifikant depressiver als die ohne Antidepressiva. Damit werden einerseits die Ergebnisse von Schroder et al. (2020) weitgehend bestätigt. Zugleich wird erhellt, welche psychologischen Mechanismen hinter dem Glauben an biogenetische Erklärungsmodelle stecken.

Tab. 5.1 Zusammenhang zwischen Selbstverantwortung (SVI, z-Werte) und Depressivität (BDI-II, Gesamtscore) und dem Wunsch, ein Antidepressivum einzunehmen, zum Zeitpunkt der Entlassung

	Antidepressivum (N = 66) x̄ (SD)	kein Antidepressivum (N = 315) x̄ (SD)	t (df = 379)	p (zweiseitig)
SVI *Fremdbestimmung*	0.47 (1.36)	−0.05 (0.87)	−3.038	.003
SVI *Selbstbestimmung*	−0.03 (1.03)	0.32 (0.89)	2.793	.005
SVI *Orientierung an den Erwartungen anderer*	0.58 (1.10)	0.12 (1.09)	−3.097	.002
BDI-II *Depressivität*	13.5 (10.3)	10.9 (8.6)	−2.207	.028

Testtheoretische Kennwerte

6

6.1 Objektivität

Es kann zwischen Durchführungs-, Auswertungs- und Interpretationsobjektivität unterschieden werden (Bühner, 2021). Die Hinweise zur Bearbeitung des SVI sowie die standardisierte Darbietung sichern die Durchführungsobjektivität. Die Auswertungsobjektivität ist durch die numerische Auswertung nach vorgegebenen Regeln ebenfalls gegeben. Die Interpretationsobjektivität ist durch klare Hinweise zur Interpretation und die Normtabellen im Anhang gewährleistet.

6.2 Reliabilität

Tab. 6.1 fasst die Kennwerte der internen Konsistenz in den verschiedenen Stichproben gesunder Erwachsener zusammen, die in Kap. 2 (Konstruktion und Evaluation) beschrieben wurden.

Die beiden klinischen Stichproben wurden jeweils bei Aufnahme, z. T. bei Entlassung und z. T. in einer Follow-up-Befragung sechs Monate nach der Entlassung untersucht. Das Cronbachsche α der SVI-Skalen lag zwischen .7 und .8, wobei gerade in der Borderline-Gruppe die Stichprobengröße bei Entlassung und vor allem im Follow-up gering war. Insgesamt bewegt sich die interne Konsistenz für alle Skalen in einem akzeptablen bis guten Bereich (vgl. Nunnally, 1978), sowohl bei gesunden Erwachsenen als auch bei den beiden klinischen Gruppen.

R. Maß, *SVI – Selbstverantwortungs-Inventar*, Manuale zu Testverfahren und Fragebögen, https://doi.org/10.1007/978-3-662-71227-6_6

Tab. 6.1 Interne Konsistenzen (Cronbach α) der drei SVI-Skalen bei unterschiedlichen Stichproben

	Selbstbestimmung	Fremdbestimmung	Orientierung an den Erwartungen anderer
Studie 1, Gesunde (N = 233)	.84	.86	.87
Studie 2, Gesunde (N = 301)	.70	.79	.87
Studie 3, Gesunde (N = 229)	.77	.76	.87

6.3 Validität

Die Inhaltsvalidität des SVI ergibt sich in theoretischer Hinsicht aus der über alle Therapieschulen hinweg unbestrittenen Relevanz von Selbstverantwortung und aus der Definition dieses Konstrukts, welche der Entwicklung des SVI zugrunde lag. Für die inhaltliche Validität des SVI sprechen ferner die Ergebnisse der in Kap. 2 beschriebenen Studien, die eine Vielzahl hypothesengemäßer Ergebnisse zeigten: (1) Bei gesunden Erwachsenen wurden Zusammenhänge der SVI-Skalen mit Depressivität, Ängstlichkeit und Lebenszufriedenheit gefunden – je geringer die Selbstverantwortung, desto höher Depressivität und Ängstlichkeit und desto geringer die Lebenszufriedenheit; (2) Patient*innen mit psychischen Störungen (Depression, Borderline-Persönlichkeitsstörung) zeigen pathologische Abweichungen in allen drei SVI-Skalen – erhöhte Werte in *Fremdbestimmung* und *Orientierung an den Erwartungen* anderer sowie reduzierte *Selbstbestimmung*; (3) bei beiden klinischen Stichproben korrelierten die SVI-Skalen ebenso mit Depressivität wie bei den Gesunden; (4) erhöhte Werte in den beiden SVI-Skalen *Fremdbestimmung* und *Orientierung an den Erwartungen* erwiesen sich bei den Depressiven als Prädiktoren für den weiteren Krankheitsverlauf (Depressivität nach sechs Monaten, Rückfallrisiko innerhalb eines Jahres).

Die ökologische Validität des SVI kann als hoch eingestuft werden. Wie die Evaluationsstudien zeigten, hängt Selbstverantwortung nicht nur mit der Entwicklung verschiedener psychischer Symptome und Störungen zusammen, sondern ist aufgrund ihrer Bedeutung für die Lebensqualität auch für psychisch gesunde Menschen relevant.

Durchführung, Auswertung und Interpretation des Selbstverantwortungs-Inventars

7

7.1 Durchführung

Das SVI ist ein Selbstbeurteilungsinstrument aus 30 Items, das die drei Skalen *Fremdbestimmung* (FB), *Selbstbestimmung* (SB) und *Orientierung an den Erwartungen anderer* (OE) mit jeweils 10 Items umfasst.

Instruktion
Die folgenden Aussagen beschreiben Ansichten und Überzeugungen in verschiedenen Lebensbereichen, insbesondere in zwischenmenschlichen Beziehungen.

Bitte lesen Sie jede Aussage aufmerksam durch und machen daneben ein Kreuz in dem Antwortfeld, das derzeit für Sie persönlich am besten passt: „ich stimme völlig zu“, „ich stimme überwiegend zu“, „ich stimme etwas zu“ oder „ich stimme gar nicht zu“.

Es gibt keine „richtigen“ oder „falschen“ Antworten, weil jeder Mensch ein Recht auf seine eigenen Ansichten hat. Machen Sie das Kreuz immer in einem der vier Antwortfelder, nicht dazwischen oder daneben. Machen Sie bitte genau ein Kreuz pro Aussage und lassen Sie nichts aus.

Der Fragebogen umfasst zwei DIN-A4-Seiten und kann kostenlos über den unten in der Fußnote angegebenen Link heruntergeladen werden. Die rechtliche Voraussetzung dafür ist der Erwerb des vorliegenden Manuals. Für den Ausdruck kann normales Druckerpapier verwendet werden.

Ergänzende Information Die elektronische Version dieses Kapitels enthält Zusatzmaterial, auf das über folgenden Link zugegriffen werden kann [https://doi.org/10.1007/978-3-662-71227-6_7].

R. Maß, *SVI – Selbstverantwortungs-Inventar*, Manuale zu Testverfahren und Fragebögen, https://doi.org/10.1007/978-3-662-71227-6_7

Die Bearbeitung des Fragebogens dauert etwa 10 min. Bitte prüfen Sie bei der Rückgabe des Fragebogens sofort, ob alle Items eindeutig bearbeitet wurden, und lassen Sie fehlende oder mehrdeutige Antworten ggf. nachtragen bzw. präzisieren.

7.2 Auswertung

Ein Kreuz bei „ich stimme völlig zu" geht mit drei Punkten in die Auswertung ein, ein Kreuz bei „ich stimme überwiegend zu" mit zwei Punkten, ein Kreuz bei „ich stimme etwas zu" mit einem Punkt und ein Kreuz bei „ich stimme gar nicht zu" mit null Punkten. Eine Umpolung einzelner Items erfolgt nicht. Pro Skala wird ein Rohwert durch die einfache Aufsummierung der Punkte aller Items dieser Skala ermittelt.

Die Auswertung erfolgt mit Hilfe von Schablonen und einem Auswertungsbogen, die ebenfalls kostenlos über den in der Fußnote auf Seite 33 angegeben Link zu beziehen sind. Auch hier ist der Erwerb des Manuals Voraussetzung. Bitte verwenden Sie beim Ausdrucken der Schablonen handelsübliche Klarsichtfolien, die für den von Ihnen verwendeten Drucker geeignet sind. Der Auswertungsbogen wird auf normalem Druckerpapier ausgedruckt. Es gibt für jede Skala zwei Schablonen, insgesamt gibt es also sechs verschiedene Schablonen. Ermitteln Sie nacheinander für jede Skala den Rohwert. Gehen Sie dazu folgendermaßen vor:

- Legen Sie Schablone 1 der Skala *Fremdbestimmung* auf Seite 1 des Fragebogens. Die Folie liegt korrekt auf der Seite, wenn die beiden Markierungen „+" links oben und rechts unten genau übereinander liegen. Alle Items der Skala *Fremdbestimmung* sind hervorgehoben.
- Zählen Sie die Punkte zusammen und tragen Sie diese erste Zwischensumme an der entsprechenden Stelle auf dem Auswertungsbogen ein.
- Legen Sie nun Schablone 2 der Skala *Fremdbestimmung* auf Seite 2 des Fragebogens. Zählen Sie auch diese Punkte zusammen und tragen Sie diese zweite Zwischensumme ebenfalls auf dem Auswertungsbogen ein.
- Addieren Sie die beiden Zwischensummen; damit haben Sie den Rohwert der Skala *Fremdbestimmung* ermittelt.

Verfahren Sie in analoger Weise mit den Schablonen für die Skalen *Selbstbestimmung* und *Orientierung an den Erwartungen anderer*. Sie haben nun die Rohwerte aller drei Skalen.

7.3 Interpretation

Die Interpretation der SVI-Skalen erfolgt mit Hilfe der Normtabellen im Anhang dieses Manuals. Die Rohwerte der Skalen können in z-Werte, T-Werte und Prozentränge transformiert werden.

Wenn Sie keine Angaben zu Alter und Geschlecht der Probandin bzw. des Probanden haben, so können Sie die anhand der Verteilungsparameter der Gesamtstichprobe ermittelten Normtabellen (A1, A4 und A7) verwenden. Das gilt auch, wenn die Angabe zum Geschlecht „divers“ ist.

Falls Ihnen Angaben zu Alter und Geschlecht vorliegen, können Sie die genaueren Normtabellen verwenden, bei denen Alters- und Geschlechtseffekte berücksichtigt wurden, soweit diese für die Interpretation relevant sind:

- Für die Skala *Fremdbestimmung* liegen Tabellen für zwei Altersgruppen vor (A2 und A3).
- Für die Skala *Selbstbestimmung* liegen Tabellen getrennt nach Geschlecht vor (A5 und A6).
- Für die Skala *Orientierung an den Erwartungen anderer* liegen vier Tabellen vor, die sowohl nach Altersgruppen als auch nach Geschlecht aufgeteilt sind (A8, A9, A10 und A11).

Als Normalbereich werden nach gängiger Konvention ein z-Wert > -1.00 und < 1.00 sowie ein T-Wert > 40 und < 60 sowie ein Prozentrang > 15.9 und < 84.1 betrachtet.

8 Normierungsstichprobe

Die Normtabellen wurden anhand der kombinierten Stichprobe der Studien 1, 2 und 3 (siehe Kap. 2) ermittelt. Es handelt sich somit um N = 763 gesunde Erwachsene, davon 201 Männer (26.3 %) und 560 Frauen (73.4 %). Zwei Personen (0.3 %) gaben „divers“ als Geschlecht an. Das Durchschnittsalter betrug 29.3 Jahre (SD = 11.6). 616 (80.7 %) Personen hatten Abitur oder Fachabitur als höchsten Schulabschluss.

Die mittleren Rohwerte der kombinierten Stichprobe betrugen 6.6 Punkte (SD = 4.4) für *Fremdbestimmung*, 22.6 Punkte (SD = 4.6) für *Selbstbestimmung* sowie 15.4 Punkte (SD = 6.2) für *Orientierung an den Erwartungen anderer*.

Untersuchungen an der kombinierten Stichprobe zeigten für die Skala *Fremdbestimmung* einen signifikanten Alterseffekt: $r = -.101$, $p = .005$; je höher das Lebensalter, desto geringer die *Fremdbestimmung*.

Bei der Skala *Selbstbestimmung* fand sich ein signifikanter Geschlechtseffekt (Männer vs. Frauen): $t = -4.145$, $df = 759$, $p < .001$; Männer hatten niedrigere Werte in Selbstbestimmung als Frauen.

Bei der Skala *Orientierung an den Erwartungen anderer* zeigten sich sowohl ein Alterseffekt ($r = -.244$, $p < .001$; je höher das Lebensalter, desto geringer der OE-Wert) als auch ein Geschlechtseffekt ($t = -7.532$, $df = 759$, $p < .001$; Männer hatten geringere Werte).

Der Schulabschluss hatte keinen Effekt auf die SVI-Skalen.

Diese Ergebnisse wurden bei der Erstellung der Normtabellen berücksichtigt.

R. Maß, *SVI – Selbstverantwortungs-Inventar*, Manuale zu Testverfahren und Fragebögen, https://doi.org/10.1007/978-3-662-71227-6_8

ANHANG 1

Studie 1, vorläufige Skalenbildung gemäß 4-Faktoren-Lösung

Items der Skala *Fremdbestimmung*

- Andere sind an meinem Unglück schuld.
- In einer wirklich harmonischen Beziehung kann es zwischen den Partnern niemals Ärger oder Streit geben.
- Wer in seinem Leben schlechte Startbedingungen hatte, kann nichts dafür, wenn er später scheitert.
- Auf die meisten Dinge, die einem im Leben passieren, hat man wenig Einfluss.
- Andere Menschen haben mehr Einfluss auf mein Leben als ich selbst.
- Wenn ich in Schwierigkeiten komme, liegt es meistens an anderen Personen.
- Ich habe nur wenig Einfluss auf mein Schicksal, meistens kommt es anders, als ich wollte.
- Gefühle wie Wut oder Ärger sind schlecht, man sollte sie unterdrücken.
- In einer idealen Beziehung haben beide Partner immer dieselben Gefühle und Gedanken.
- Ich bin oft äußeren Zwängen ausgesetzt und kann nicht das machen, was ich eigentlich will.

Items der Skala *Selbstbestimmung*

- Ich bestimme selbst, was ich tue oder lasse.
- Wenn es mir schlecht geht, ist es vor allem meine eigene Aufgabe, mich wieder aufzubauen.
- Ich bin auch in einer Partnerschaft vor allem selbst für mein Glück zuständig.
- Nur ich weiß am besten, was gut für mich ist.
- Wenn ich eine Entscheidung treffe, muss ich auch deren Konsequenzen tragen.
- Um in einer Partnerschaft glücklich zu sein, ist es wichtig, seine Selbständigkeit zu bewahren.
- Niemand kennt meine Wünsche, Bedürfnisse und Grenzen so gut wie ich selbst.
- Auch wenn ich mich in einer Beziehung befinde, vergesse ich nicht, was mir wichtig ist.

R. Maß, *SVI – Selbstverantwortungs-Inventar*, Manuale zu Testverfahren und Fragebögen, https://doi.org/10.1007/978-3-662-71227-6

- Es ist vor allem meine eigene Aufgabe, dafür zu sorgen, dass es mir gut geht.
- Wenn ich einen Fehler gemacht habe, stehe ich voll und ganz dazu und trage die Konsequenzen.

Items der Skala *Orientierung an den Erwartungen anderer*

- Ich habe oft ein schlechtes Gewissen, wenn ich jemandem eine Bitte abschlage.
- Es ist für mich schrecklich, wenn andere mir Vorwürfe machen.
- Ich bekomme schnell Schuldgefühle, wenn ich zu egoistisch bin.
- Ich bin zu sensibel und fühle mich schnell gekränkt oder verletzt.
- Es geht mir schlecht, wenn andere von mir enttäuscht sind.
- Es fällt mir schwer, wichtige Entscheidungen zu treffen, aus Angst, Fehler zu machen.
- Oft überfordere ich mich mit den Aufgaben, die ich mir selbst aufbürde.
- Ich sage meistens „Ja", wenn jemand mich um einen Gefallen bittet, selbst wenn es mir eigentlich zu viel ist.
- Meistens merke ich es erst zu spät, wenn mir alles zu viel wird.
- Wenn ich mit anderen Menschen zusammen bin, neige ich dazu, mich ihnen anzupassen.

Items der Skala *Verantwortungsdelegation in Partnerschaften*

- In einer guten Beziehung muss man unbedingt dafür sorgen, dass der Partner bzw. die Partnerin sich wohl fühlt.
- Ich kann von meinem Partner bzw. meiner Partnerin erwarten, dass er bzw. sie sich um meine Bedürfnisse kümmert.
- Wenn andere Menschen Erwartungen an mich haben, so versuche ich immer, sie zu erfüllen.
- Man darf andere Menschen nicht kränken oder verärgern.
- Je besser eine Beziehung ist, desto mehr verstehen sich die Partner auch ohne Worte.
- Ich erwarte von meinem Partner bzw. meiner Partnerin, dass er bzw. sie Rücksicht auf mich nimmt.
- Mein Partner bzw. meine Partnerin sollte wissen, was mir nicht gefällt, und von selbst darauf achten, ohne dass ich etwas dazu sagen muss.
- Wenn jemand von mir enttäuscht ist, habe ich etwas falsch gemacht.
- Nur wenn mein Partner bzw. meine Partnerin sich um mich kümmert, fühle ich mich wohl.
- Meine Eltern haben mir beigebracht, für mich selbst zu sorgen.

ANHANG 2

Itemcharakteristiken der SVI-Skalen, ermittelt an der Gesamtstichprobe (N = 763)

Skala *Fremdbestimmung*

Nr.	Itemtext	Trennschärfe r_{it}	Schwierigkeit p
1	Andere sind an meinem Unglück schuld.	.52	.13
4	In einer wirklich harmonischen Beziehung kann es zwischen den Partnern niemals Ärger oder Streit geben.	.35	.12
7	Wer in seinem Leben schlechte Startbedingungen hatte, kann nichts dafür, wenn er später scheitert.	.35	.30
10	Auf die meisten Dinge, die einem im Leben passieren, hat man wenig Einfluss.	.53	.30
13	Andere Menschen haben mehr Einfluss auf mein Leben als ich selbst.	.51	.18
16	Wenn ich in Schwierigkeiten komme, liegt es meistens an anderen Personen.	.42	.20
19	Ich habe nur wenig Einfluss auf mein Schicksal, meistens kommt es anders, als ich wollte.	.48	.28
22	Gefühle wie Wut oder Ärger sind schlecht, man sollte sie unterdrücken.	.42	.18
25	In einer idealen Beziehung haben beide Partner immer dieselben Gefühle und Gedanken.	.44	.21
28	Ich bin oft äußeren Zwängen ausgesetzt und kann nicht das machen, was ich eigentlich will.	.42	.31

R. Maß, *SVI – Selbstverantwortungs-Inventar*, Manuale zu Testverfahren und Fragebögen, https://doi.org/10.1007/978-3-662-71227-6

Skala *Selbstbestimmung*

Nr.	Itemtext	Trennschärfe r_{it}	Schwierigkeit p
2	Ich bestimme selbst, was ich tue oder lasse.	.44	.78
5	Wenn es mir schlecht geht, ist es vor allem meine eigene Aufgabe, mich wieder aufzubauen.	.50	.69
8	Ich bin auch in einer Partnerschaft vor allem selbst für mein Glück zuständig.	.51	.71
11	Nur ich weiß am besten, was gut für mich ist.	.47	.65
14	Wenn ich eine Entscheidung treffe, muss ich auch deren Konsequenzen tragen.	.54	.86
17	Um in einer Partnerschaft glücklich zu sein, ist es wichtig, seine Selbständigkeit zu bewahren.	.49	.80
20	Niemand kennt meine Wünsche, Bedürfnisse und Grenzen so gut wie ich selbst.	.50	.77
23	Auch wenn ich mich in einer Beziehung befinde, vergesse ich nicht, was mir wichtig ist.	.45	.74
26	Es ist vor allem meine eigene Aufgabe, dafür zu sorgen, dass es mir gut geht.	.58	.80
29	Wenn ich einen Fehler gemacht habe, stehe ich voll und ganz dazu und trage die Konsequenzen.	.38	.75

Skala *Orientierung an den Erwartungen anderer*

Nr.	Itemtext	Trennschärfe r_{it}	Schwierigkeit p
3	Ich habe oft ein schlechtes Gewissen, wenn ich jemandem eine Bitte abschlage.	.67	.56
6	Es ist für mich schrecklich, wenn andere mir Vorwürfe machen.	.64	.56
9	Ich bekomme schnell Schuldgefühle, wenn ich zu egoistisch bin.	.57	.52
12	Ich bin zu sensibel und fühle mich schnell gekränkt oder verletzt.	.58	.44
15	Es geht mir schlecht, wenn andere von mir enttäuscht sind.	.63	.62
18	Es fällt mir schwer, wichtige Entscheidungen zu treffen, aus Angst, Fehler zu machen.	.59	.44
21	Oft überfordere ich mich mit den Aufgaben, die ich mir selbst aufbürde.	.50	.43
24	Ich sage meistens „Ja“, wenn jemand mich um einen Gefallen bittet, selbst wenn es mir eigentlich zu viel ist.	.59	.55
27	Meistens merke ich es erst zu spät, wenn mir alles zu viel wird.	.60	.52
30	Wenn ich mit anderen Menschen zusammen bin, neige ich dazu, mich ihnen anzupassen.	.48	.49

ANHANG 3

Normtabellen

Auf den folgenden Seiten werden Tabellen zur Umrechnung der Skalen-Rohwerte in Normwerte dargestellt. Auf der Basis der Standard-z-Werte werden T-Werte und Perzentile ermittelt. Bitte beachten Sie folgende Erläuterungen:

- Für alle drei Skalen werden zunächst die Normwerte dargestellt, die sich aus den Verteilungsparametern der **Gesamtstichprobe** ergeben (*Fremdbestimmung* in Tab. A1, *Selbstbestimmung* in Tab. A4 sowie *Orientierung an den Erwartungen anderer* in Tab. A7). Die SPSS-Syntax zur Berechnung der z-Werte dieser drei Skalen lautet:
  COMPUTE zSVI_FB = ((SVI_FB – 6.62)/(4.400)).
  COMPUTE zSVI_SB = ((SVI_SB – 22.61)/(4.569)).
  COMPUTE zSVI_OE = ((SVI_OE – 15.43)/(6.230)).
- Für die Skala *Fremdbestimmung* folgen die Tab. A2 und A3 mit den nach **Altersgruppen („bis 39 Jahre" vs. „ab 40 Jahre")** getrennt durchgeführten Berechnungen. Geschlecht und Schulabschluss hatten keinen signifikanten Effekt auf diese Skala und werden daher bei der Normwertbestimmung nicht berücksichtigt. SPSS-Syntax:
  IF (Alter le 39) zSVI_FB = ((SVI_FB – 6.80)/(4.491)).
  IF (Alter ge 40) zSVI_FB = ((SVI_FB – 5.59)/(3.774)).
- Für die Skala *Selbstbestimmung* werden die Tab. A5 und A6 mit den getrennt nach **Geschlecht (Mann vs. Frau)** durchgeführten Berechnungen. Bei dieser Skala hatten Alter und Schulabschluss keinen signifikanten Effekt. SPSS-Syntax (die Kodierung für Sex ist 1 = Mann und 2 = Frau):
  IF (Sex = 1) zSVI_SB = ((SVI_SB – 21.48)/(4.944)).
  IF (Sex = 2) zSVI_SB = ((SVI_SB – 23.02)/(4.358)).

R. Maß, *SVI – Selbstverantwortungs-Inventar*, Manuale zu Testverfahren und Fragebögen, https://doi.org/10.1007/978-3-662-71227-6

- Da bei der Skala *Orientierung an den Erwartungen anderer* **sowohl Alter als auch Geschlecht** einen signifikanten Effekt hatten, werden die Normwerte in den Tab. A8, A9, A10 und A11 sowohl getrennt nach Altersgruppen als auch nach Geschlecht angegeben. Auch hier hatte der Schulabschluss keinen signifikanten Effekt. SPSS-Syntax:
  IF (Sex = 1 and Alter le 39) zSVI_OE = ((SVI_OE – 13.14)/(5.784)).
  IF (Sex = 1 and Alter ge 40) zSVI_OE = ((SVI_OE – 10.45)/(6.068)).
  IF (Sex = 2 and Alter le 39) zSVI_OE = ((SVI_OE – 17.01)/(5.823)).
  IF (Sex = 2 and Alter ge 40) zSVI_OE = ((SVI_OE – 13.21)/(6.295)).

Tab. A1 Skala *Fremdbestimmung*, Gesamtstichprobe (N = 763)

Rohwert	z-Wert	T-Wert	Prozentrang
0	−1.50	35	6.7
1	−1.28	37	10.0
2	−1.05	40	14.7
3	−0.82	42	20.6
4	−0.60	44	27.4
5	−0.37	46	35.6
6	−0.14	49	44.4
7	0.09	51	53.6
8	0.31	53	62.2
9	0.54	55	70.5
10	0.77	58	77.9
11	1.00	60	84.1
12	1.22	62	88.9
13	1.45	65	92.7
14	1.68	67	95.4
15	1.90	69	97.1
16	2.13	71	98.3
17	2.36	74	99.1
18	2.59	76	99.5
19	2.81	78	99.8
20	3.04	80	99.9
21–30	>3.00	>80	>99.9

Tab. A2 Skala *Fremdbestimmung*, Männer und Frauen bis 39 (N = 635)

Rohwert	z-Wert	T-Wert	Prozentrang
0	−1.51	35	6.6
1	−1.29	37	9.9
2	−1.07	39	14.2
3	−0.85	42	19.8
4	−0.62	44	26.8
5	−0.40	46	34.4
6	−0.18	48	43.9
7	0.04	50	52.6
8	0.27	53	60.6
9	0.49	55	68.8
10	0.71	57	76.1
11	0.94	59	82.6
12	1.16	62	87.7
13	1.38	64	91.6
14	1.60	66	94.5
15	1.83	68	96.6
16	2.05	71	98.0
17	2.27	73	98.8
18	2.49	75	99.4
19	2.72	77	99.7
20	2.94	79	99.8
21–30	>3.00	>80	>99.9

Tab. A3 Skala *Fremdbestimmung*, Männer und Frauen ab 40 (N = 122)

Rohwert	z-Wert	T-Wert	Prozentrang
0	−1.48	35	6.9
1	−1.22	38	11.1
2	−0.95	41	17.1
3	−0.69	43	24.5
4	−0.42	46	33.7
5	−0.16	48	43.6
6	0.11	51	54.4
7	0.37	54	64.4
8	0.64	56	73.9
9	0.90	59	81.6
10	1.17	62	87.9
11	1.43	64	92.4
12	1.70	67	95.5
13	1.96	70	97.5
14	2.23	72	98.7
15	2.49	75	99.4
16	2.76	78	99.7
17–30	>3.00	>80	≥99.9

Tab. A4 Skala *Selbstbestimmung*, Gesamtstichprobe (N = 763)

Rohwert	z-Wert	T-Wert	Prozentrang
0–8	<−3.00	<20	<0.1
9	−2.98	20	0.1
10	−2.76	22	0.3
11	−2.54	25	0.6
12	−2.32	27	1.0
13	−2.10	29	1.8
14	−1.88	31	3.0
15	−1.67	33	4.8
16	−1.45	36	7.4
17	−1.23	38	10.9
18	−1.01	40	15.6
19	−0.79	42	21.5
20	−0.57	44	28.4
21	−0.35	47	36.3
22	−0.13	49	44.8
23	0.09	51	53.6
24	0.30	53	61.8
25	0.52	55	69.9
26	0.74	57	77.0
27	0.96	60	83.2
28	1.18	62	88.1
29	1.40	64	91.9
30	1.62	66	94.7

Tab. A5 Skala *Selbstbestimmung*, Männer aller Altersgruppen (N = 198)

Rohwert	z-Wert	T-Wert	Prozentrang
0–6	<−3.00	<20	<0.1
7	−2.93	21	0.2
8	−2.73	23	0.3
9	−2.52	25	0.6
10	−2.32	27	1.0
11	−2.12	29	1.7
12	−1.92	31	2.7
13	−1.72	33	4.3
14	−1.51	35	6.6
15	−1.31	37	9.5
16	−1.11	39	13.4
17	−0.91	41	18.1
18	−0.70	43	24.2
19	−0.50	45	30.9
20	−0.30	47	38.2
21	−0.10	49	46.0
22	0.11	51	54.4
23	0.31	53	62.2
24	0.51	55	69.5
25	0.71	57	76.1
26	0.91	59	81.9
27	1.12	61	86.9
28	1.32	63	90.7
29	1.52	65	93.6
30	1.72	67	95.7

Tab. A6 Skala *Selbstbestimmung*, Frauen aller Altersgruppen (N = 559)

Rohwert	z-Wert	T-Wert	Prozentrang
0–9	<−3.00	<20	<0.1
10	−2.99	20	0.1
11	−2.76	22	0.3
12	−2.53	25	0.6
13	−2.30	27	1.1
14	−2.07	29	1.9
15	−1.84	32	3.3
16	−1.61	34	5.4
17	−1.38	36	8.4
18	−1.15	39	12.5
19	−0.92	41	17.9
20	−0.69	43	24.5
21	−0.46	45	32.3
22	−0.23	48	40.9
23	0.00	50	50.0
24	0.22	52	58.7
25	0.45	55	67.4
26	0.68	57	75.2
27	0.91	59	81.9
28	1.14	61	87.3
29	1.37	64	91.5
30	1.60	66	94.5

Tab. A7 Skala *Orientierung an den Erwartungen anderer*, Gesamtstichprobe (N = 763)

Rohwert	z-Wert	T-Wert	Prozentrang
0	−2.48	25	0.7
1	−2.32	27	1.0
2	−2.16	28	1.5
3	−2.00	30	2.3
4	−1.83	32	3.4
5	−1.67	33	4.8
6	−1.51	35	6.6
7	−1.35	37	8.9
8	−1.19	38	11.7
9	−1.03	40	15.2
10	−0.87	41	19.2
11	−0.71	43	23.9
12	−0.55	45	29.1
13	−0.39	46	34.8
14	−0.23	48	40.9
15	−0.07	49	47.2
16	0.09	51	53.6
17	0.25	53	59.9
18	0.41	54	65.9
19	0.57	56	71.6
20	0.73	57	76.7
21	0.89	59	81.3
22	1.05	61	85.3
23	1.22	62	88.9
24	1.38	64	91.6
25	1.54	65	93.8
26	1.70	67	95.5
27	1.86	69	96.9
28	2.02	70	97.8
29	2.18	72	98.5
30	2.34	73	99.0

Tab. A8 Skala *Orientierung an den Erwartungen anderer*, Männer bis 39 (N = 165)

Rohwert	z-Wert	T-Wert	Prozentrang
0	−2.27	27	1.2
1	−2.10	29	1.8
2	−1.93	31	2.7
3	−1.75	33	4.0
4	−1.58	34	5.7
5	−1.41	36	7.9
6	−1.23	38	10.9
7	−1.06	39	14.5
8	−0.89	41	18.7
9	−0.72	43	23.6
10	−0.54	45	29.5
11	−0.37	46	35.6
12	−0.20	48	42.1
13	−0.02	50	59.2
14	0.15	52	56.0
15	0.32	53	62.6
16	0.49	55	68.8
17	0.67	57	74.9
18	0.84	58	80.0
19	1.01	60	84.4
20	1.19	62	88.3
21	1.36	64	91.3
22	1.53	65	93.7
23	1.70	67	95.5
24	1.88	69	97.0
25	2.05	71	98.0
26	2.22	72	98.7
27	2.40	74	99.2
28	2.57	76	99.5
29	2.74	77	99.7
30	2.91	79	99.8

Tab. A9 Skala *Orientierung an den Erwartungen anderer*, Männer ab 40 (N = 33)

Rohwert	z-Wert	T-Wert	Prozentrang
0	−1.72	33	4.3
1	−1.56	34	5.9
2	−1.39	36	8.2
3	−1.23	38	10.9
4	−1.06	39	14.5
5	−0.90	41	18.4
6	−0.73	43	23.3
7	−0.57	44	28.4
8	−0.40	46	34.5
9	−0.24	48	40.5
10	−0.07	49	47.2
11	0.09	51	53.6
12	0.26	53	60.3
13	0.42	54	66.3
14	0.59	56	72.2
15	0.75	58	77.3
16	0.91	59	81.9
17	1.08	61	86.0
18	1.24	62	89.3
19	1.41	64	92.1
20	1.57	66	94.2
21	1.74	67	95.9
22	1.90	69	97.1
23	2.07	71	98.1
24	2.23	72	98.7
25	2.40	74	99.2
26	2.56	76	99.5
27	2.73	77	99.7
28	2.89	79	99.8
29–30	>3.00	>80	≥99.9

Tab. A10 Skala *Orientierung an den Erwartungen anderer*, Frauen bis 39 (N = 470)

Rohwert	z-Wert	T-Wert	Prozentrang
0	−2.92	21	0.2
1	−2.75	23	0.3
2	−2.58	24	0.5
3	−2.41	26	0.8
4	−2.23	28	1.3
5	−2.06	29	2.0
6	−1.89	31	2.9
7	−1.72	33	4.3
8	−1.55	35	6.1
9	−1.38	36	8.4
10	−1.20	38	11.5
11	−1.03	40	15.2
12	−0.86	41	19.5
13	−0.69	43	24.5
14	−0.52	45	30.2
15	−0.35	47	36.3
16	−0.17	48	43.3
17	0.00	50	50.0
18	0.17	52	56.8
19	0.34	53	63.3
20	0.51	55	69.5
21	0.69	57	75.5
22	0.86	59	80.5
23	1.03	60	84.9
24	1.20	62	88.5
25	1.37	64	91.5
26	1.54	65	93.8
27	1.72	67	95.7
28	1.89	69	97.1
29	2.06	71	98.0
30	2.23	72	98.7

Tab. A11 Skala *Orientierung an den Erwartungen anderer*, Frauen ab 40 (N = 89)

Rohwert	z-Wert	T-Wert	Prozentrang
0	−2.10	29	1.8
1	−1.94	31	2.6
2	−1.78	32	3.8
3	−1.62	34	5.3
4	−1.46	35	7.2
5	−1.30	37	9.7
6	−1.15	39	12.5
7	−0.99	40	16.1
8	−0.83	42	20.3
9	−0.67	43	25.1
10	−0.51	45	30.5
11	−0.35	47	36.3
12	−0.19	48	42.5
13	−0.03	50	48.8
14	0.13	51	55.2
15	0.28	53	61.0
16	0.44	54	67.0
17	0.60	56	72.6
18	0.76	58	77.6
19	0.92	59	82.1
20	1.08	61	86.0
21	1.24	62	89.3
22	1.40	64	91.9
23	1.56	66	94.1
24	1.71	67	95.6
25	1.87	69	96.9
26	2.03	70	97.9
27	2.19	72	98.6
28	2.35	74	99.1
29	2.51	75	99.4
30	2.67	77	99.6

Literatur

Ainsworth, M. D. S., & Bowlby, J. (1991). An ethological approach to personality development. *American Psychologist, 46*, 331–341. https://doi.org/10.1037/0003-066X.46.4.333

Baethge, C., Assall, O. P., & Baldessarini, R. J. (2013). Systematic review of blinding assessment in randomized controlled trials in schizophrenia and affective disorders 2000–2010. *Psychotherapy and Psychosomatics, 82*, 152–160. https://doi.org/10.1159/000346144

Bandura, A. (1977). Self-efficacy: Toward a unifying theory of behavioral change. *Psychological Review, 84*, 191–215. https://doi.org/10.1037/0033-295x.84.2.191

Barlow, D. H., Sauer-Zavala, S., Carl, J. R., Bullis, J. R., & Ellard, K. K. (2014). The nature, diagnosis, and treatment of neuroticism: Back to the future. *Clinical Psychological Science, 2*, 344–365. https://doi.org/10.1177/2167702613505532

Barlow, D. H., Allen, L. B., & Choate, M. L. (2016). Toward a unified treatment for emotional disorders. *Republished Article. Behavior Therapy, 47*, 838–853. https://doi.org/10.1016/j.beth.2016.11.005

Beck, A. T., Steer, R. A., & Brown, G. K. (2023). *Beck-Depressions-Inventar Revision* (3., überarb. Aufl.; deutsche Bearbeitung von M. Hautzinger, F. Keller & C. Kühner). Pearson Clinical and Talent Assessment.

Bibring, E. (1954). Psychoanalysis and the dynamic psychotherapies. *Journal of the American Psychological Association, 2*, 745–770. https://doi.org/10.1177/000306515400200412

Bühner, M. (2021). *Einführung in die Test- und Fragebogenkonstruktion* (4., korr. u. erw. Aufl.). Pearson.

Chorpita, B. F., & Barlow, D. H. (1998). The development of anxiety: The role of control in the early environment. *Psychological Bulletin, 124*, 3–21. https://doi.org/10.1037/0033-2909.124.1.3

Cohen, J. (1988). *Statistical power analysis for the behavioral sciences* (2. Aufl.). Lawrence Erlbaum Associates.

Csíkszentmihályi, M. (2000). *Das Flow-Erlebnis. Jenseits von Angst und Langeweile im Tun aufgehen* (8. Aufl.). Klett-Cotta.

Cuijpers, P., Miguel, C., Harrer, M., Plessen, C. Y., Ciharova, M., Ebert, D., & Karyotaki, E. (2023). Cognitive behavior therapy vs. control conditions, other psychotherapies, pharmacotherapies and combined treatment for depression: A comprehensive meta-analysis including 409 trials with 52,702 patients. *World Psychiatry, 22*, 105–115.

Deci, E. L., & Ryan, R. M. (2012). Self-determination theory. In P. A. M. Van Lange, A. W. Kruglanski, & E. T. Higgins (Hrsg.), *Handbook of theories of social psychology* (S. 416–436). Sage Publications Ltd. https://doi.org/10.4135/9781446249215.n21

Eberwein, W., & Thielen, M. (Hrsg.). (2014). *Humanistische Psychotherapie. Theorien, Methoden, Wirksamkeit*. Psychosozial-Verlag.

R. Maß, *SVI – Selbstverantwortungs-Inventar*, Manuale zu Testverfahren und Fragebögen, https://doi.org/10.1007/978-3-662-71227-6

Fahrenberg, J., Myrtek, M., Schumacher, J., & Brähler, E. (2000). *Fragbogen zur Lebenszufriedenheit.* Hogrefe.

Grawe, K. (2004). *Neuropsychotherapie.* Hogrefe.

Grosse Holtforth, M., & Grawe, K. (2002). *Fragebogen zur Analyse Motivationaler Schemata (FAMOS).* Hogrefe.

Hengartner, M. P. (2017). Methodological flaws, conflicts of interest, and scientific fallacies: Implications for the evaluation of antidepressants' efficacy and harm. *Frontiers in Psychiatry, 8,* 275. https://doi.org/10.3389/fpsyt.2017.00275

Kanfer, F. H., Reinecker, H., & Schmelzer, D. (2012). *Selbstmanagement-Therapie: Ein Lehrbuch für die klinische Praxis* (5., korrigierte und durchgesehene Aufl.). Springer.

Kirsch, I. (2016). Der Placeboeffekt in der antidepressiven Behandlung. *Verhaltenstherapie, 26,* 55–61. https://doi.org/10.1159/000443542

Kirsch, I. (2019). Placebo effect in the treatment of depression and anxiety. *Frontiers in Psychiatry, 10,* 407. https://doi.org/10.3389/fpsyt.2019.00407

Lacasse, J. R., & Leo, J. (2005). Serotonin and depression: A disconnect between the advertisements and the scientific literature. *PLoS Medicine, 2,* e392. https://doi.org/10.1371/journal.pmed.0020392

Laux, L., Glanzmann, P., Schaffner, P., & Spielberger, C. D. (1981). *Das State-Trait-Angstinventar.* Hogrefe.

Loughman, A., & Haslam, N. (2018). Neuroscientific explanations and the stigma of mental disorder: A meta-analytic study. *Cognitive Research: Principles and Implications, 14;3*(1), 43. https://doi.org/10.1186/s41235-018-0136-1

Major Depressive Disorder Working Group of the Psychiatric GWAS Consortium. (2013). A mega-analysis of genome-wide association studies for major depressive disorder. *Molecular Psychiatry, 18,* 497–511. https://doi.org/10.1038/mp.2012.21

Margraf, J., & Schneider, S. (Hrsg.). (2018). *Lehrbuch der Verhaltenstherapie. Band 1: Grundlagen, Diagnostik, Verfahren und Rahmenbedingungen psychologischer Therapie* (4. Aufl.). Springer.

Maß, R. (2022). Selbstverantwortung in Partnerschaft und Sexualität. *Eine empirische Studie. Zeitschrift für Sexualforschung, 35,* 20–26. https://doi.org/10.1055/a-1744-4288

Maß, R. (2024). *AHI. Aggressionshemmungs-Inventar.* Göttingen.

Maß, R. (2025). *Depressionen überwinden ohne Antidepressiva. Was Sie selbst gegen Ihre Depression tun können – und wie Psychotherapie hilft.* TRIAS/Thieme.

Maß, R., & Müller-Alcazar, A. (2023). Hemmung konstruktiver Aggression. Konzept, Operationalisierung und klinische Implikationen. *Zeitschrift für Klinische Psychologie und Psychotherapie, 52,* 181–194. https://doi.org/10.1026/1616-3443/a000727

Maß, R., Backhaus, K., Hestermann, D., Balzer, C., & Szelies, M. (2019). Inpatient treatment decreases depression but antidepressants may not contribute. *A prospective quasi-experimental study. Comprehensive Psychiatry, 94,* 152124. https://doi.org/10.1016/j.comppsych.2019.152124

Maß, R., Schottke, M.-L., Müller, M., Lübbers, F., Müller-Alcazar, A., Kolbeck, S., & Morgenroth, O. (2022). Mangelnde Selbstverantwortung und psychische Störungen. Entwicklung und Validierung eines Selbstbeurteilungsinstrumentes. *Psychotherapie, Psychosomatik, Medizinische Psychologie, 72,* 78–86. https://doi.org/10.1055/a-1559-4251

Maß, R., Backhaus, K., Lohrer, K., Szelies, M., & Unkelbach, B. K. (2023a). No benefit of antidepressants in inpatient treatment of depression. A longitudinal, quasi-experimental field study. *Psychopharmacology, 240,* 1963–1971. https://doi.org/10.1007/s00213-023-06417-4

Maß, R., Backhaus, K., Szelies, M., & Unkelbach, B. K. (2023b). Effektivität von Antidepressiva bei der vollstationären Psychotherapie von Depression: Eine naturalistische kontrollierte Studie. *Verhaltenstherapie, 33,* 15–25. https://doi.org/10.1159/000528902

Moncrieff, J., Cooper, R. E., Stockmann, T., Amendola, S., Hengartner, M. P., & Horowitz, M. A. (2023). The serotonin theory of depression: A systematic umbrella review of the evidence. *Molecular Psychiatry, 28,* 3243–3256. https://doi.org/10.1038/s41380-022-01661-0

Morris, S. B., & DeShon, R. P. (2008). Combining effect size estimates in meta-analysis with repeated measures and independent-groups designs. *Psychological Methods, 7*, 105–125. https://doi.org/10.1037/1082-989X.7.1.105

Munkholm, K., Paludan-Müller, A. S., & Boesen, K. (2019). Considering the methodological limitations in the evidence base of antidepressants for depression: A reanalysis of a network meta-analysis. *BMJ Open, 9*, e024886. https://doi.org/10.1136/bmjopen-2018-024886

Nöthen, M. (2005). *Von der „traditionellen Familie" zu „neuen Lebensformen" Neuerungen in der Familienberichterstattung des Mikrozensus. Statistisches Bundesamt.* https://www.destatis.de/DE/Methoden/WISTA-Wirtschaft-und-Statistik/2005/01/familie-lebensformen-012005.pdf?__blob=publicationFile. Zugegriffen am 01.05.2025.

Nunnally, J. C. (1978). *Psychometric theory* (2. Aufl.). McGraw-Hill.

Piketty, T. (2020). *Kapital und Ideologie*. Beck.

Rotter, J. B. (1966). Generalized expectancies for internal versus external control of reinforcement. *Psychological Monographs, 33*, 300–303. PMID 5340840.

Ryan, R. M., & Deci, E. L. (2008). Self-Determination Theory approach to psychotherapy: The motivational basis for effective change. *Canadian Psychology, 49*, 186–193. https://doi.org/10.1037/a0012753

Schroder, H. S., Duda, J. M., Christensen, K., Beard, C., & Bjorgvinsson, T. (2020). Stressors and chemical imbalances: Beliefs about the causes of depression in an acute psychiatric treatment sample. *Journal of Affective Disorders, 276*, 537–545. https://doi.org/10.1016/j.jad.2020.07.061

Spilker, J. (2002). Selbstverantwortung vs. Fremdverantwortung und die Balance von Problem und Lösung. *Eine empirische Annäherung. Familiendynamik, 27*, 146–159. https://elibrary.klett-cotta.de/article/99.120115/fd-27-2-146

Turner, E. H., Cipriani, A., Furukawa, T. A., Salanti, G., & de Vries, Y. A. (2022). Selective publication of antidpressant trials and its influence on apparent efficacy: Updated comparisons and meta- analyses of newer versus older trials. *PLoS Medicine, 19*, e1003886. https://doi.org/10.1371/journal.pmed.1003886

Zanarini, M. C., Frankenburg, F. R., Reich, D. B., & Fitzmaurice, G. (2010). Time to attainment of recovery from borderline personality disorder and stability of recovery: A 10-year prospective follow-up study. *American Journal of Psychiatry, 167*, 663–667. https://doi.org/10.1176/appi.ajp.2009.0908113

Zarbock, G. (2017). *Verhaltenstherapie Praxisbuch. Grundlagen und Anwendungen biografisch-systemischer Verhaltenstherapie* (4. Aufl.). Pabst Science Publishers.

FSC
www.fsc.org
MIX
Papier | Fördert
gute Waldnutzung
FSC® C083411

Kolibri 360 GmbH
Ferdinand-Jühlke-Straße 7
99095 Erfurt, Deutschland
produktsicherheit@kolibri360.de